世界の夢の本屋さん2

清水玲奈　Fabulous Bookstores of the World by Reina Shimizu　X-Knowledge

世界の街角で、今日も朝が来て、
本屋さんが店を開ける。

「世界の本屋さんを紹介する本を作っている」と人に言うと、「それはすばらしい。いい本屋さんはどんどん消えてしまっていますから、今のうちですよ」と言われることがある。
しかし、『世界の夢の本屋さん』シリーズは、「古き良き時代の貴重な記録」ではない。
たしかに店を閉じる本屋さんがある一方で、世界中には今も素敵な本屋さんが数多くあり、人気を集めている。人気のゆえんは何か。その答えは、けっしてひとつではない。独立系にも大手チェーンの店にも、小型店にも大規模店にも、小さな町にも大都市にも、名店はある。ソーシャル・ネットワーキング・サービスを使って国際的な顧客を獲得する老舗があり、既成の書店の概念を覆すようなユニークな新顔も好調だ。
欧米の書店を紹介した『世界の夢の本屋さん』に続いて、本書ではヨーロッパのほかアジア、南米の書店を取り上げた。本屋さんは、都市や国を凝縮したミクロコスモスでもある。都市や国がバラエティに富んでいるぶん、書店もさらにバラエティ豊かになる。

20世紀文学の巨人ボルヘスは、ダンテの『神曲』にかんする講演で次のように語っている。
「偶然にも（偶然というものは存在しないこと、私たちが偶然と呼んでいるのは因果関係の複雑な仕組に対する私たちの無知であるということは別にして）、私はミッチェル書店で小さな三巻本を見つけました。今はもうなくなりましたが、いくつもの思い出のある本屋です」（J.L.ボルヘス著、野谷文昭訳『七つの夜』岩波文庫より）
ボルヘスにとっても、本と出会う舞台は重要だった。アルゼンチンは南米一の読書国でもある。『世界の夢の本屋さん 2』は、「ボルヘスの国の本屋さんを見てみたい」という好奇心からスタートした。
ミッチェル書店はボルヘスの生前に閉店したが、2000年、ノーベル賞候補作家の故エルネスト・サバトがパトロンとなり、ブエノスアイレスの豪奢な劇場に大型書店がオープン。文芸コーナーの充実ぶりがブエノスアイレスの読書人たちの信頼を集めると同時に、「世界一美しい書店」として、地球の裏側からも観光客が訪れる名所になった。

そして、書店の数が増え続けている国もある。
たとえば、国民の平均読書数が年間2冊に満たないブラジル。めざましい経済成長を受けて、これまで読書経験のなかった人たちが、本屋さんに行く楽しみを発見し、本を買う生活がステータスシンボルになりつつある。これは、まるで高級ブランド店のようなシックな書店や、遊園地かと見まごうユニークな建築の書店のおかげだ。
中国には、かつて、欧米や日本のような色とりどりの絵本は存在しなかった。日本の児童出版社が開いた店が、親子で絵本を楽しむ習慣を浸透させ、中国全土の都市に店舗を増やしている。また上海では、80年代生まれの世代が自分たちのための書店を開き、若きオーナーたちが新しい中国の文化的リーダーとしてもてはやされている。
旧大陸ヨーロッパにも、書店の新境地を切り開く頼もしい名店がある。パリの英語書店の若き2代目店主は、観光客に読書に親しむきっかけを提供するべく安価で読みやすい本を充実させる一方、文学イベントや若い作家を無料で滞在させる制度に力を入れ、文学の殿堂としての伝統をしっかりと継承している。イギリスの温泉地バースには、「読書スパ」でどっぷりと本の極楽に浸れる本屋さんがあり、ロンドンには、文芸エージェントが目利きの友人たちのおすすめ本を集めた私設図書館のような本屋さんがある。イタリアの美食の都ボローニャには、「精神の糧」としての本と「身体の糧」としての食品を同じフロアに並べる店があり、古都フィレンツェでは、19世紀から続く古書店が、インターネットを使って世界中の古書マニアや図書館・大学に情報を発信している。
日本の本屋さんも負けていない。
東京だけでなく地方都市にも、個性的なビジョンを持ち成功している書店がある。文化都市としての京都を象徴する2軒の書店は、それぞれ違った味わいの店でファンをひきつけつつ、新しい書店のありかたを提案するコラボレーション企画も行う。北海道の各都市では、テーマパークのような巨大書店のチェーンが、3世代で遊びに行ける娯楽施設として人々の日常に根付いている。老舗大手チェーンは、全国第2の規模の路面店を札幌に開き、創業者の説いた「書店風景」のコンセプトを追求。開かれたガラスの建築は市民が憩う場となっている。

世界には、さまざまな意味で本屋さんを必要とする人たちがいる。
読書人のニーズにきちんと応えるだけでなく、時にはうれしい驚きをもたらすことで、新たな読書人を生み出す本屋さんがある。そうした店の人たちは、慎み深い誇りと情熱を持って、独自の知識と方法論とセンスを発揮し、いつも遊び心と思いやりを忘れずに、まじめによく働く。
そういう本屋さんで、私たちは「偶然」の出会いに導かれて本を手にする。
優れた本屋さんには、終わることのない物語がぎっしりと詰まっている。
愛される書店たる秘訣を惜しげもなく語ってくれた世界中の本屋さんが、この本の真の著者だ。

清水玲奈

Contents

Lutyens & Rubinstein

Persephone Books

Foyles

The Broadway Bookshop

ロンドン
London

バース
Bath

ダービシャー
Derbyshire

ダブリン
Dublin

Mr B's
Emporium
of Reading
Delights

Scarthin
Books

Hodges Figgis
Bookshop

The Winding
Stair Bookshop

ラチェンズ＆ルビンスタイン

Lutyens & Rubinstein

IN
OLIVER
L&R BOOK SHOP
21
23
AB
OPEN
OPEN CITY
THE MASTER SWITCH
LOVE

...more books, coffee and other necessities...
The Dormouse
The Grass Snake
The Terrapin

「店のお客さんの多様性と同じくらい多様な本を置く」ことをコンセプトとする書店。定番の本を多く置き、利用者の要望に応じて新しい本を入れる。いわば図書館のような運営だ。

開店準備にあたって、オーナーたちは知り合いの作家などの業界人、それに信頼できる読書家である友人とその子どもたちに、「5〜10冊、おすすめ本を選んでください」と依頼。これをもとに5,000冊ほどを選び、店の定番とした。それが常に、店の書棚の8割を占める。残りの2割が選りすぐりの最新刊。このセレクトにも、お客さんの意見や情報を積極的に取り入れる。イギリスでは公共予算が削減され、図書館が次々と閉鎖されている。そんな中、読者の声を取り入れた町の本屋さんは、コミュニティーの読書生活を支える貴重な存在だ。世界中から観光客が集まるノッティンヒルにあるが、お客さんは地元の人たちが中心で、年齢層はさまざま、男女も半々。2009年の開店以来、売り上げは増え続けている。
店を経営するのは、20年間文芸エージェンシーをしている2人の女性、サラ・ラチェンズさんとフェリシティー・ルビンスタインさん。店の地下で、今もエージェンシーの活動を続ける。
エージェンシーの活動で手に入る出版業界の最新情報を、本のセレクトに反映させる。ほかの店では置かれていない本を優先させ、頻繁に入れ替えて、いつも目新しい本を揃える。
本の並べ方も特徴的だ。本との出会いにサプライズをもたらしたいという狙いから、ジャンル別ではなく、著者名のアルファベット順に並んでいる。なんとなく読む本を探そうという客にとっては、書棚を眺めているだけで発見があると好評だ。
店ならではの知識とセンスで読書生活を応援するユニークなサービスも充実している。100ポンド以上の商品券を買った人や贈られた人に対しては、パーソナルショッピングのサービスを提供。お茶を飲みながら書店員と本について語り、それに基づいて趣味趣向にあった本を選ぶ。持ち帰る本は、オリジナルのブックトートに入れてもらえる。
また、毎月美しくラッピングされた本を届ける本の頒布会も行う。内容は基本的におまかせだが、「犯罪小説」「面白いロケーションを舞台にした小説」などテーマをリクエストすることもできる。この頒布会には子ども向け、乳幼児向けバージョンもあり、プレゼントとして人気だ。
個人の家、あるいはホテルや学校などの施設向けに、蔵書をコーディネートする「書棚セットアップサービス」は、その後、定期的に新刊書を足していくオプションも選べる。
「本のウエディングリスト」は、店員の協力で、新婚家庭の書棚に並べたい本を選ぶ。友人たちは、メールや郵送でリストを店から取り寄せ、その中から選んだ本をプレゼント。本にはすべて店オリジナルのブックプレートを貼り、そこに送り主の名前とメッセージをつける。結婚生活の難題を乗り越えるための貴重な知恵袋になりそうだ。
オーナーもスタッフも全員が女性。繊細な美意識に貫かれた雑貨、はちみつや手作りのジャムなどの食品、それに「文学作品にインスピレーションを得た香り」の香水も置かれている。文学作品の最初の一行をあしらったコーヒーカップのシリーズと合わせて、読書のおともに人気だ。

面積=65㎡／規模=6,000冊／創業=2009年
分野=文学、ノンフィクション、芸術、児童書
業態=書店

共同オーナー フェリシティー・ルビンスタイン

ノッティンヒルで生まれ育ち、20代の頃ニューヨークにいた期間を除いてはずっとこの地区に住んでいます。だからお客さんには幼なじみも多いです。

小さい店なので、厳選された本ばかりです。文芸エージェンシーの活動の目的は、優れた文芸作品を読者の手に届けること。本屋も基本的に同じですね。でも、エージェンシーだけの頃は抽象的だった活動を、店を始めたおかげで、実際に読者とふれあいながらできるようになりました。1,000ポンドの版権を売るよりも、10ポンドの本を一冊売る方が、ずっとうれしいものです。

2011年のクリスマス、イギリスではキンドル(電子書籍の端末)をプレゼントとして贈るケースが多かったようです。読書の習慣は永遠になくならないと思いますが、今後、本屋が減ってしまったら、紙の本を印刷する数が減るという悪循環に陥りかねません。

書店として生き残るために、人間的できめ細かいサービスが重要です。あとは、わざわざ足を運ぶ理由を提供するために、本にコンテキストを与えるような、店の環境もとても大切。美しいインテリアの店であることと、すばらしいお客さんに恵まれていることが自慢です。たとえば、ジェニファー・イーガンの新作は、アメリカ人のお客さんが、まだイギリスで出版されていない頃に薦めてくれたおかげで、出版と同時に、他の書店に先んじてプロモーションを開始。ジェニファー・イーガンはイギリスではこの店だけでイベントに出演しました。

Felicity Rubinstein

1958年ロンドン生まれ。ウォリック大学で美術史を学ぶ。ロンドン、ニューヨークの出版社で働いたのち、1983年にラチェンズ&ルビンスタイン文芸エージェンシーをサラ・ラチェンズさんと共同で立ち上げる。2009年、エージェンシーに併設する書店を開く。

この店の一冊(by Felicity Rubinstein)

"A Visit From the Goon Squad" Jennifer Egan

「ジェニファー・イーガンの新作は、着想も文章もすばらしく、ストーリー展開で楽しませると同時に知的な刺激をくれる本です。スタッフでいちはやくアメリカ版を読み、店で一押しの作品にするべきだと決めました。その後ピュリッツァー賞を受賞。イギリスでも文芸部門のベストセラーになりました」

Lutyens & Rubinstein
21 Kensington Park Road, London W11 2EU, UK
Tel: +44(0)20 7229 1010
www.lutyensrubinstein.co.uk
bookshop@lutyensrubinstein.co.uk
月〜土 10:00〜18:00／日 11:00〜18:00／不定休

店長 クレア・ハリス Claire Harris

1961年グロースター生まれ。

大学で歴史を学び、看護師の訓練を受けたあと、子育てに専念していました。南ロンドンの小さな書店に勤めたのち、大手ウォーターストーン書店に転職。ここがどんどん本社の指示に従うだけのスーパーマーケット化していったので耐えられなくなり、また別の本屋に移ったのち、この店でオープニングスタッフとして採用されました。開店前日からここで働いています。

中小から大手まで、さまざまな出版社の人たちに会い、ストック以外に入れる新しい本を選ぶのも私の仕事。本のセレクトが的確にできるよう、新聞をよく読むことと、クラシックも現代物もよく本を読むことを心がけています。

本は店の宝です。本を棚に並べたり、ほこりを払ったりする作業も好き。そのほかにも、店の仕事で楽しい瞬間は枚挙にいとまがありません。たとえば、お客さんが店に入ってきて、「ホリデーに行くんだけど、いい本を薦めていただけないかしら」と言われて、本についておしゃべりをする時間。出版社に注文した本が店に届いて、話だけ聞いていた本のページを初めてめくるひととき。何も特別なことがなくても、朝、店を開けるときには、心が躍ります。

子どもの頃は図書館司書になりたかったのですが、今はこの仕事ができて幸せ。海辺で暮らしたいという夢もあるのですが、やっぱりここで100歳まで働く方を選ぶと思います。

ペルセフォニー・ブックス
Persephone Books

All books cost £12 each or 3 for £30
Gift-wrapped books are £2 extra.
THE PERSEPHONE NOTEBOOK
THE PERSEPHONE NOTEBOOK
THE PERSEPHONE NOTEBOOK
THE PERSEPHONE NOTEBOOK
THE PERSEPHONE NOTEBOOK

PHARMACY

THE PERSEPHONE CLASSICS

寒さの募る2月初めのロンドン。きしむ木のドアを開けて、「まあ、まるでディケンズの世界ね」と言いながら、オーバーコートを着た年輩の女性客が店に入ってくる。

1702年築の建物にあり、ヴィクトリア時代の小間物屋を再現した映画のセットのよう。店内には新鮮な花を欠かさない。

ペルセフォニー・ブックスは、出版社として設立されて以来、自社で出版した本だけを店に置いている。地下には倉庫があり、店の奥が編集室。メールオーダーの受け付けや発送も店の奥でやっている昔ながらの個人商店の趣だ。扱う本は、20世紀の女性作家の作品で、女性読者のために書かれた女性の登場人物についての小説、短編集が中心。日記や料理本もある。忙しい女性たちのために、「文学的すぎもしないし、商業的すぎもしない」本をラインナップ。「読みやすく、示唆に富み、忘れられないような作品」を厳選している。

創業者のニコラ・バウマンさんは、1944年生まれ。ケンブリッジ大学で英文学を学んだあと、建築家と結婚してニューヨークでジャーナリストやアートギャラリーの店員を経験。その後、ロンドンで文芸評論家として活動した。1914〜39年の女性小説家に関する著作を1983年に出版(この本は2008年にペルセフォニーから復刊された)。1998年、ペルセフォニーを設立したのは、若い頃の愛読書で絶版になっている女性作家の本を再出版するというプロジェクトのためだった。

中身だけではなくモノとしての本作りにも、フェミニンな配慮と美意識が行き届いている。判型と、ロンドンの曇り空を思わせるグレーの表紙はどの本も同じ。表紙の裏側は作品ごとに異なり、小説の書かれた時代と同じ時代の模様を、おもにヴィクトリア&アルバート博物館の20世紀初頭のアーカイブから採用している。高級紙を使い、上質の装丁で仕立てた、よく考えられたプロダクト。常連は、本の装丁が好きと言う人が多い。蔵書にしたくなる本だ。新しい本が出るたびに買うというコレクターに支えられている。価格がどの本も均一なのもユニークだ。

本は当初、一部の書店やインターネットでのみ販売していたが、ドロシー・ウィップルの作品を中心に、期待を上回る売れ行きとなった。6カ月ごとに2、3冊のペースで本を出版し続けた結果、店を持っても十分なストックがあるということになり、2002年に店を開いた。

顧客メーリングリストに2万人が登録。イギリスをはじめとするヨーロッパ各国のほか、アメリカ、オーストラリアにも散らばっている。特殊な店だけに、初めて来た人は戸惑うことが多い。書棚には、それぞれの本に関する短い紹介文のカードをつける。題名だけでつまらなそうだと敬遠されがちな本については、口頭でも積極的に面白さをアピールする。店頭には定期刊行のパンフレットやカタログを置き、出版社・書店の特性をわかりやすく伝える。お茶を飲みながら著者と対話ができるイベントを月に2回ほど行う。またブックグループを2つ主宰。月に1回、ワインとチーズを用意して、課題図書について語り合う。

ギリシア神話の女神の名前を持つこの書店は、創設者をはじめ、店員は女性ばかり。読者も女性がほとんど。しかし、最近では昼休みのビジネスマンも目につくようになった。

面積=20㎡／規模=約100タイトル／創業=2002年
分野=20世紀文学など
業態=書店+出版社+ネット販売

店員 ミキ・フットマン

うちの本は、結婚、家庭生活といったテーマが中心。古き良き時代を思い出させてくれる、読むとほっとできるような本です。同時に、モダンな視点にはっとさせられることもよくありますし、ストーリーテリングのうまさが純粋に楽しめる作品です。

売り上げはリーマンショック後も安定していていますが、それはニッチな店だからこそです。ここの店員の最も大事な役割は、お客さんひとりひとりに合ったアドバイスをすること。そのために、店に置いてあるすべての本と、そして、現代ものの本も読むことを心がけています。私のおすすめに従って買った本について、感想を送ってくれるアメリカ人女性のお客さんがいます。そういう人間的なつながりが、この店で働く喜びです。店で主宰しているブックグループで文学について語り合うのも楽しいですね。

お客さんは中年女性がほとんどなのですが、最近は若い人も増えています。18歳の妹がいるので、実験台として店の本を読んでもらって感想を聞き、若いお客さんが来たらどんな本を薦めるべきか、参考にします。

ファッションが好きなので、ブティックでバイトしていたこともあります。でも、本を売るのは洋服を売るのに比べて、100万倍楽しい仕事です。本は、誰かに喜んでほしいという純粋な気持ちで薦めることができる。それに本は誰にでも手の届く値段です。埋もれてしまっている女性作家を広い客層に紹介するこの店の仕事には、大きなやりがいを感じます。

Miki Footman
1984年ロンドン郊外ローハンプトン生まれ。父はイギリス人、母は日本人。大学では英文学を専攻、その後日本文学の修士課程を修了した。英文学が大好き。ブティックの店員などを経て、2009年から同店の書店員。将来は中学の英語の先生になるつもり。

この店の一冊(by Miki Footman)

“The Home Maker” Dorothy Canfield Fisher

「ドロシー・キャンフィールド・フィッシャーは、うちで一番人気のアメリカ人作家。この作品は、私たちがとりわけ気に入って薦めているのでベストセラーです。1924年の作品。あるきっかけで専業主婦が外で働き、夫が家事をするようになる。面白いだけでなく、ジェンダーや女性の従属といった問題について示唆に富んでいます」

Persephone Books
59 Lamb's Conduit Street, London, WC1N 3NB, UK
Tel: +44(0)20 7242 9292
http://www.persephonebooks.co.uk
info@persephonebooks.co.uk
月〜金 10:00〜18:00／土 12:00〜17:00／日休

店員 ルース・ホブス Ruth Hobbs

1990年バーミンガム生まれ。
オクスフォード大学で英米文学を学び、卒業後、とりあえず出版社で研修をしたいとあちこち応募しました。そこでここの店にも連絡したところ、思いがけず店員として採用されました。素敵な店だし、同僚もいい人たちばかりなので、とても楽しいです。
小さな店なので、店員は何でもやります。メールオーダーの受付から、新しく出る本についての説明文を書くことまで。私はうそをつけないたちで、読んでない本はお客さんに薦められないため、なるべく早くすべての本を読むことが今の目標です。就職から4か月半で、3分の1ほどは読破しました。
本好きになったのは、49歳の母のおかげです。いつもいい本を薦めてくれて、クリスマスなどのプレゼントも必ず本でした。今では、うちの店の本を読んで感想を言ってくれる貴重なコンサルタントでもあります。一方、大学生の妹は残念ながら本が嫌い。でも先日ここの本を薦めたら完読したので、2冊目に挑戦してもらうつもりです。
店に初めて来た人に、お店のコンセプトを説明すると、みんな感心してくれます。美しい本を自分の本棚に並べる喜びは、永遠のもの。だから、うちの店のような本屋に限っていえば、世界に本屋は存在し続けるでしょう。
将来はやはり出版社で働きたいのですが、初めての職場がここだったのはいいスタートでした。店頭での経験が、人々が本に何を求めているかを知るために役立ちますから。

フォイルズ
Foyles

家族経営で市民に愛されるロンドン最大の書店。1903年に店を設立したフォイルズ兄弟は、東ロンドンの労働者階級の家庭の7番目と8番目の子どもとして生まれた。10代のとき、兄弟そろって公務員試験に不合格となったのが、店の起源だ。

いらなくなった参考書を売るために広告を出すと買い手が殺到。これは商売になるとひらめき、古書の仕入れと販売を始めた。フォイルズ兄弟は最初、実家のキッチンに本の在庫を置いていたが、やがて家賃の安い物件を求めて転々とし、南ロンドンに最初の店を開く。自炊をしながら、朝7時から真夜中まで働いた。

兄ウィリアムが起業家精神を発揮し、弟ギルバートがそれを支えた。2人の原動力は、ロンドンの歴史に名を残す偉大な書店主たちへの憧れだった。ひとりは、18世紀末、ロンドン最大の書店「ミューズの神殿」を経営したジェームズ・ラッキントン。その店は、6頭立ての馬車が走り回れる大きさとたたえられた。もうひとりは、書店経営と出版で莫大な資産を得て、1721年、名門ガイズ病院を設立したトマス・ガイだ。

1904年、兄弟はロンドン中心に店を移転。1906年には、今の店があるチャリングクロス・ロードに移る。当時、書店が数多く創業していた界隈だ。店は拡大を続け、1912年には6階建て店舗に引っ越し、古書に加えて新刊書も置く総合書店になった。1930年代には全長30マイルに及ぶ書棚に500万冊の本をそろえていた。

1945年、創業者は引退し、娘のクリスティーナ・フォイルズが店を継いだ。クリスティーナは10代のときに、会費制の「本の昼食会」を提案。「作家や著名人に会えるフォイルズ家の人々がうらやましい」との声から得たアイデアで、1930年に第1回が実現した。以来、ジョン・レノンからマーガレット・サッチャーまで、幅広いジャンルの有名人や作家が招かれた。

クリスティーナは「フォイルズの女王」と呼ばれた。「私は家事も料理もしたことがないし、飲み物はシャンパンしか飲まない」と豪語する一方で、従業員は低賃金で、すぐ解雇した。店の本はジャンルではなく出版社別に陳列し、「お目当ての本が見つからない店」と言われた。客は本を買うまでに、伝票をもらい・伝票の代金を払い・本を受け取るという、3回違う列に並ぶシステム。こうした顧客サービスの悪さの犠牲になることを指す「フォイルド」という言葉すら生まれたが、不条理をジョークにし、近代化を拒むエキセントリックな店に愛着を感じ続けたのが、イギリス人らしいところだ。90年代、ライバルの大手チェーン書店はこれを攻撃する広告を展開したが、結局、生き延びたのはフォイルズだった。

「ロンドンで一番有名なブックセラー」だったクリスティーナが99年に亡くなると、創業者の甥、クリストファー・フォイルズ氏とビル・サミュエル氏が店を継ぎ、店員の質の向上、店内の改装、陳列・在庫管理・レジの近代化といった大改革に着手した。店内には、有名ジャズ専門店「レイズ・ジャズ＆カフェ」が移転オープン。ここは毎年11月にはロンドンジャズフェスティバルの会場としてにぎわう。

5フロアにわたり、56の専門分野に分かれた売り場は、ヨーロッパでも有数の規模を誇る。かつて本の街だったチャリングクロス・ロードに残る、数少ない書店の代表格でもある。2014年には、現在の店の隣に、さらに大きな自社ビルが完成予定。フォイルズ家の冒険は続く。

面積=370㎡／規模=20万冊／創業=1903年
分野=総合
業態=書店+カフェ+ネット販売

DAVID HOCKNEY
A Bigger Picture
BRITISH CONTEMPORARIES:
Hockney & Freud
Women's Studies/Feminism
Women's Studies
Gender/Queer Theory
Gender/Queer Theory
LGBT studies
GLBT biographies
Gay Visual Cultures
Lesbian Fiction
Lesbian Fiction & Erotica
FREUD AT WORK
FREUD
David Hockney's

LEONARDO
Art History
Art History
Modern Art
Modern Art
Contemporary Art
Metalwork
Clocks & Watches
Antiques
LEONARDO DA VINCI MASTER DRAFTSMAN
ISLAMIC ART & VISUAL CULTURE
THE COMPLETE TAJ MAHAL
Islamic & Jewish Art
Asian Art

Ray's Jazz Stage

Nursery
Piranha
MR. GOOD
MR. MESSY
MR. FUNNY
MR. CLUMSY
MR. BUSY
LITTLE MISS TINY
LITTLE MISS LATE
LITTLE MISS BRAINY

店員（ウェブマネージャー） ジョナサン・ルッピン

かつては、とくに探している本がないときでも店を見るのが楽しい、という本屋だったのですが、2001年から3年間かけて、大幅な改装が行われ、膨大な本のストックをすべてデジタル化しました。これで、どんな本でも必ず見つかる本屋さんになりました。「コーンウォール語（話者が3,500人の少数言語）の本はありますか」というお客さんが来たときには、さすがにないだろうと思ったら、ちゃんと3冊見つかりました。

このときに、ウェブサイト上の通販も始めました。ウェブサイトは、うちのような大型書店にとって非常に重要な要素です。サイトでは、電子書籍も100万タイトル売っています。そして、作家のインタビュー、目利きの書店員によるブックレビューなど、特別なコンテンツが読めるのを売りにしています。これらは文学誌のような濃い内容です。

フォイルズは、文学界にも絶大な信頼を得ています。たとえば1996年のブッカー賞受賞者、グレアム・スウィフトは、ほかの新聞雑誌のインタビューには答えず、フォイルズのインタビューだけに答えました。私はアマチュアのライターでもあります。作家のインタビューも担当していますし、書店員の仕事の延長として、文学賞の審査員も務めています。イギリス全国に向けて自分がいいと思う本をお薦めする、というわけで、ふだん店に来たお客さんに対してやっている仕事と本質的には変わりませんが、こんなことができるのも、フォイルズならでは。だからここの仕事は大好きです。

Jonathan Ruppin
1972年生まれ。ヨーク大学で英文学を学び、大手チェーンのディロンズ書店の2店舗で働いた。そののち文学エージェント、出版社勤務を経て、2003年にフォイルズに転職。5年半文学コーナーを担当後、現職。

この店の一冊（by Carmalo Pugliesi）
"Les Nourritures Terrestres" André Gide

「フランスの作家、アンドレ・ジッドの『地の糧』の原書。アフリカ旅行の体験をもとに描いた散文詩。多文化都市ロンドンで読むのにふさわしい本ですフォイルズの外国語売り場で一番売れているのがフランス語の本で、こうした古典のペーパーバックがいつでもそろうので重宝されています」

Foyles Flagship Store
113-119 Charing Cross Road, London WC2H 0EB, UK
Tel: +44(0)20 7437 5660
Fax: +44(0)20 7434 1574
www.foyles.co.uk
customerservices@foyles.co.uk
月〜土 9:30〜21:00／日 11:30〜18:00(レジは12:00〜)
イースターマンデー 11:00〜20:00／イースターサンデー・12/25・12/26休

店員 カルマロ・プリエージ Carmalo Pugliesi

僕はシチリア島メッシーナ出身のイタリア人。マンマの方針で小さい頃から英語とフランス語を学びました。大学ではラテン語を専攻し、スペイン語もできますし、今は中国語と日本語を勉強中です。世界に存在する全部の言葉ができたらいいのに、と思います。
2000年にロンドンに移り、1か月後フォイルズに就職。文芸、教育を経て、5年前から外国語の売り場で働いています。昨年大幅に拡大され、多言語の書籍を数多くそろえるようになりました。店頭に出るスタッフがバイヤーもやっています。日本語の本もあります。
よく出るのがフランス語、次がスペイン語の本。外国語を学んだイギリス人も、ロンドン在住の外国人も利用します。9人のスタッフも、フランス、ポーランド、スペイン、スウェーデン、ドイツと国際的。ロンドンの縮図ですね。資本主義に毒されていない書店なので働きがいがあります。
この店はロンドンの中心にあり、町の一部です。ここに10年住んだことのある人なら、少なくとも1冊はフォイルズで本を買ったことがあるでしょう。とくに、ロンドンの人は読書好きですからね。世界的にも有名で、ロンドンに来るたびに、この本屋に立ち寄るという旅行者も少なくありません。
僕は小説も書きます。5年かけてロンドンを舞台に英語で書いた作品が完成し、今、出版社を探しているところ。大成功したら作家として生活したいですが、とりあえずはフォイルズで働ければ幸せです。

ブロードウェイ書店

The Broadway Bookshop

ロンドン東部のブロードウェイは、下町の商店街。土曜日になるとマーケットが開かれるこの通りで、フィッシュアンドチップス店の隣にあるのがブロードウェイ書店だ。

ロンドンの地下鉄に乗ると、通勤時間を利用して、アイパッドや専用の端末で電子書籍を読む人の多さが印象に残る。イギリスでは書籍の売り上げが年間10パーセントほどのペースで減少していて、近年、ロンドンをはじめ各地で数々の大小の書店が閉店した。その一方で、コミュニティー型の独立系書店が住宅街に新しくできて、地元住民の支持を得て成功を収めているケースも少なくない。

ブロードウェイ書店は、そんな成功例の筆頭に挙げられる。オーナー店長、ジェーン・ハウさんは、ノッティングヒルにかつてあった独立系書店の店員を長年務めていた。自分の書店を開くにあたってロケーションを探していたとき、ブロードウェイでの店舗募集の話を姪から聞く。あたりは肉屋や花屋といった個人商店が集まる昔ながらの商店街。「こういう場所こそが、自分のやりたい本屋にふさわしい」とすぐに気に入った。

ロンドンには近年、大手資本ではなく個人経営の店を好み、そこで積極的に買い物をして応援しようという機運があり、ブロードウェイ書店はそうした趣向の消費者たちがとくに多く集まる場所だ。値段が多少高くても、そして店頭になければ注文してでも、アマゾンや大手チェーンではなくこの店で買いたいという人たちに支えられている。

店に並べる本は、ジェーンさんの自宅の書棚にある本をもとに決めた。それから店の常連でもある知り合いのミュージシャンや映画関係者のおすすめや、自分自身の読書体験から、厳選して選ぶ。小さな出版社の本も選りすぐって置いているほか、先鋭的なアート本と、文芸誌で扱われた作品などの現代文学が充実している。

また、哲学や政治思想の本のセレクトにも定評がある。ロンドンや、この書店のあるハックニー地区についての本などに交ざって、「ロンリープラネット」などメジャーな旅行ガイドブックが、外国文学とともに置いてある。

お客さんは地元の人たちがほとんど。毎週お母さんに連れられてきて、この店の中で育ったような子どもたちもいる。それから、家賃が比較的安いこの地区に住む若い学生や外国人。土曜日はマーケットを見に来るツーリストが増えるが、食料品を買うついでに本を選びに来る常連さんたちが多いのもこの日だ。

本のセレクトが絶大な信頼を得ているので、特定の本を買いに来るのではなく、店にどんな本があるかを見に来るというのが、リピーターたちの店の利用法になっている。名前もよく知らない作家の本でも、この店にあるならいい本のはずだと信頼できる。だから、プレゼントとしての本を選ぶときにも選ばれる店になっている。趣味のいいラッピングペーパーやグリーティングカードを売っていて、そのディスプレイがインテリアの一部になっている。

店の入り口には、外国語レッスンやヨガ教室のチラシが貼られた掲示板がある。公民館のような役割を果たしている本屋さん。作家を招いてのブックイベントには、近所の読書好きがたくさん集まる。

面積=40㎡／規模=6,000冊／創業=2005年
分野=文学、伝記、アート、ポピュラーサイエンス、政治、哲学、歴史、宗教、旅行、音楽、映画・テレビ、趣味
業態=書店（新刊、希少書）

Sticker Book
Monsters
Colouring Book
THE TENDERFOOT
rainy day
MOOMINS
My First English
HAPPY BIRTHDAY
MY NAME IS MINA
The Phantom Tollbooth
ANDREW COPE

I KNOW HOW TO COOK
LEON
THE HOBBIT
Northern Lights
CHARLIE
Louise Rennison
Tove Jansson
THE OWL SERVICE
ALAN GARNER

MOLESKINE

OPEN
NO SMOKING
LONDON
yog
hatha
mindfulness
pilates
ashtanga
vinyasa
asana
meditation

ZOO
TINTIN IN THE CONGO
yoga
modernism

オーナー・店長 ジェーン・ハウ

長年、書店員を務めて、接客のノウハウを身につけました。ここはウォーターストーンやボーダーズなどの大型書店とは正反対の店です。自信を持って薦められる、私が好きな本だけを置いています。
うちは、スーパーで割引価格で買えるようなベストセラーは置きません。本のセレクトは私とイローナが担当しています。ラジオで文化情報を仕入れ、映画もよく見に行きます。ビートニク詩人アレン・ギンズバーグの映画「HOWL」が公開されたときは、彼の同名の詩集がよく売れました。注意深く選んだ本ばかりで、読む価値のない本は店に入れません。どの本もおすすめなので、ポップをつけたりはしません。どの本がどの場所にあるかも全部把握していて、お客さんに聞かれたときにすっと手渡せます。モダンクラシックや翻訳物を中心とする文学、旅行書、旅行記、哲学に加えて、ガーデニングや登山などの本もよく売れます。ロンドナーが実践する趣味ではありませんが、本を読んで想像の世界で楽しんでいるようです。
「温かい雰囲気で、いいにおいがする」とか「ここは誰かの家みたいですね」とか言われます。この地区はアーティストやクリエーターが多く、びっくりするようなユニークなファッションの若者が店にやってきたりもします。お客さんを眺めるのも、店番の楽しみのうちです。そんなみなさんに愛される店が実現できたことが、何よりの誇りです。雰囲気がよく小規模な独立系書店は、これからますます人気になると思います。

Jane Howe
南イングランド生まれ。子どもが学齢期に達したのち、ロンドン大学UCLで文学を学ぶ。独立系書店で書店員をしていたが、閉店。その後ポートベローのトラベル・ブックショップで書店員をしたのち、ブロードウェイ書店を開く。

この店の一冊(by Jane Howe)
"Nemesis" Philip Roth
「フィリップ・ロスは私が大好きな作家のひとりです。ロスは若い頃に素晴らしい作品を書いたのち、低迷していましたが、この新作は完璧な出来で、無駄な単語がひとつもありません。ページから知性があふれ出るような、エネルギッシュなストーリーテリング。自分も作家というお客さんにも薦めて喜ばれました」

The Broadway Bookshop
6 Broadway Market, London E8 4QJ, UK
Tel: +44(0)20 7241 1626
Fax: +44(0)20 7241 1036
www.broadwaybookshophackney.com
books@broadwaybookshophackney.com
火〜土 10:00〜18:00/日 11:00〜17:00/月休

店員 イローナ・レイトン・グーダル Ilona Leighton-Goodall

1973年イングランド南部デヴォン生まれ。
ロンドン大学UCLで動物学を学び、テレビ番組を制作するプロダクションで、撮影をアレンジするセクションで働いていました。いつも忙しすぎて、プロジェクトを楽しむことができなかった。2006年にここの書店員になってからは、ゆっくりご飯を食べる時間があるし、本と本を愛する人たちに囲まれていられるのが幸せ。店はちょうどいい小ささ。本は一冊ずつ手作業で選べるし、すべての本を把握できます。
この店はマーケットの中にあるので、地元では、コーヒーを飲んだり、魚を買ったりしたついでに立ち寄れる本屋として親しまれています。そして今では全国的に知られています。フレンドリーなサービスと、本についてしっかりした知識を持つことを心がけています。書店員になってから、文学講座も受講しました。本をたくさん読み、新刊についての情報を集めるなど、常に努力が必要ですが、本に対する情熱があれば、それは楽しいだけで、ちっとも苦労ではありません。
ゆくゆくは、自分の書店を開きたいです。どんな店になるかといえば、やっぱりブロードウェイみたいな店でしょうか。この店の雰囲気は、お客さんにとっても、書店員にとっても最高です。今はジェーンをお手本に勉強中で、急ぐつもりはまったくありません。ジェーンのように、お客さんのためにどんな本を店に置けばいいかを完璧に知っていて、適切なアドバイスができる書店員になりたいです。

Livres, Bücher, Libros
English Language & Criticism

ミスター・ビーズ・エンポリアム・オヴ・リーディング・ディライツ

Mr B's Emporium of Reading Delights

Photography
Photography
Art

THIS WAY
Gardening
Travel
Fashion
Novels
Language
Criticism
bibliotherapy
Mr.B's
armchairs

Anatole
IGGY PECK ARCHITE
BLACK DOG
Louise Rennison
A MIDSUMMER TIGHTS DREAM
COSMOS
A Beginner's Guide
ADAM HART-DAVIS
& PAUL BADER

Children

I ♥ this book because...

Children

ロンドンから電車で1時間半。緑したたる7つの丘に囲まれたバース。「お風呂」という名を持つこの町には、イギリスで唯一の天然温泉だけではなく、「読書スパ」が楽しめる本屋さんがある。

古代ローマ人は、温泉に魅了されてバースに移住し、町を造った。17世紀以降、温泉療養が再びブームになると、裕福なイングランド人たちが訪れ、保養地として栄える。19世紀初頭には、作家ジェーン・オースティンが滞在し、のちにバースを舞台に2つの小説を書いた。今では、ローマ時代の浴場跡をはじめ、さまざまな時代の歴史建築が立ち並ぶ町全体が、ユネスコの世界遺産に指定されている。人口9万人あまりの町に、年間200万人の観光客が訪れる。

町で一番人気の本屋さんは、元弁護士の若い夫妻が、2人そろって事務所を辞めて2006年に開いた店。ジョージア朝様式の建物にあり、英国貴族の別荘を思わせる趣味のいい店内は、妻のジュリエットさんがデザインし、アンティーク家具をそろえた。

バースには、読書家が多いうえ、個人商店を好み、応援しようというコミュニティーとしての気質がある。裏道の立地にもかかわらず、口コミで評判を伸ばし、1年半後には店を地下と階上にも広げた。

店内にバスタブがあるのはイギリス人らしいユーモアだが、「読書スパ」は本格派。「スパ」は、店の2階、「ビブリオ（本の）セラピールーム」で行われる。利用客はアポを入れると、読書傾向や趣味、興味をさぐるための質問リストに答えることが求められる。それをもとに、担当の店員が数十冊の本を用意しておく。静かな店内で、暖炉を前に肘掛け椅子にもたれ、ケーキと紅茶を味わいつつ、店員を独り占めして話をする。こうして、自分だけのために用意された本の山の中から、読みたい本を絞り込んでいく。2時間ほど、日常を忘れて本に首までどっぷり浸かる、本好きにはたまらない癒しのひとときだ。店では、書店員を「医者や歯医者のような仕事」と定義している。少し話をすれば、その驚異的な知識に驚かされる。「スパ」の利用料金は55ポンドで、40ポンドのクーポンのほか、オリジナルマグカップなどのおみやげがつく。またこれに準じたサービスで、遠方からでも利用できるのが「読書イヤー」の制度。質問リストへの答えに応じて、12か月にわたり、その本を選んだ理由を説明する店員の手紙とともに、素敵なパッケージにして郵送で本を届ける。いずれもプレゼントとして人気だ。

店に置いてある本は、文学を中心に、新刊も古典もこだわりぬいたセレクトだ。サイトや店頭ではVIPならぬ「VIBリスト」としておすすめの本を紹介するコーナーを設け、ブログでは本格的な書評を掲載し、絶大な信頼を得ている。店内には、電話ボックスのような「読書ブース」があり、30分単位で貸し切れる。『ユリシーズ』やプルーストなどの大作を読んで、向かいのパブで感想を語り合うブッククラブなど、数々のイベントも主催している。

「読書の喜びの帝国」という名を掲げる店は、本を読む営みを最大限に楽しむための工夫にあふれている。店内の感想ノートには「ここに（この本屋さんが）あってくれて、ありがとう」と書き残されていた。

面積=190㎡／規模=15,000冊／創業=2006年
分野=文学、人文、芸術、趣味、児童、語学
業態=書店+「読書スパ」+「読書イヤー」+「読書ブース」+ネット販売

店長・オーナー　ニック・ボトムリー

高校生の頃から、「大学に行かずに独立してビジネスをやりたい」と思っていました。結局、大学を出て弁護士になったのですが、弁護士事務所のパートナーになるかどうか、というキャリア上の岐路で初心に戻り、書店を開くことを決めました。
店名は、ユニークで、古めかしさとモダンさを同時に兼ね備えたものにしたいと、1カ月がかりで考えました。それと、本のセレクトには徹底的にこだわりました。白紙からスタートし、一日14時間、6週間休みなしで、1万冊の本を選びました。たとえば英文学のコーナーを作るために、『オクスフォード英文学事典』を最初から最後まで読みました。店に来た人に「あの本なんでないの」と言われないために、店に置くべき本を一冊たりとも見落としたくないのです。この辺の緻密さは、弁護士時代の後遺症というべきでしょうか。開店前日、妻は不安でたまらない様子でしたが、ふたを開けてみたら、初日から熱心な支持を得ることができました。
本屋のビジネスの特殊性は、常に商品が入れ替わること。これがチャレンジでもあり、利点でもあります。商品の質がとても大切です。あとは接客とサービスの質。廃業に追い込まれる本屋さんはどこも、お客さんを丁寧に扱っていないことが原因です。うちの店は優れた店員がそろっていますから、本のセレクトはニッチな部分まで完璧ですし、読書スパや読書イヤーのようなサービスも可能です。21世紀には、美術館のようにキュレーションされた、個性のある書店が求められると思います。

Nic Bottomley
1975年イギリス・ノレッジ生まれ。ノッティンガム大学卒業後、8年間ロンドンとプラハで弁護士を務める。30歳で、同業の妻とともに仕事を辞めてバース郊外に越し、書店を開業。2歳半の長女はすでに本の虫。もうすぐ生まれる双子も「本好きになるしかない運命」。

この店の一冊（by Nic Bottomley）
"The Missing" Tim Gautreaux
「1920年代、ミシシッピ川をボートで下る男性をめぐるスリリングな物語。ジャズのような雰囲気のある作品の力もさることながら、うちのスタッフのエドがお客様に薦め続けたおかげで、2011年、イギリス全国の売り上げの9パーセントにあたる700冊がこの店で売れました。彼は世界一説得力のある書店員なんです」

Mr B's Emporium of Reading Delights

14/15 John Street
Bath BA1 2JL, UK
Tel: +44(0)1225 331155
http://www.mrbsemporium.com/
books@mrbsemporium.com
月〜土 9:30〜18:30／日休

店員 ベッキー・ミルフォード Becky Milford

この店は、毎日1人の割合で働きたいという志望者が現れます。私は4回目の応募でようやく、8カ月前に採用されました。選ばれたのは、本を読むことと、本について話をすることにかけての情熱が伝わったからだと思います。お客さんに本を楽しんでもらうことのお手伝いができるのが何よりの喜びです。新しい本について知り、それについて本が好きな人と語り合う。こんな楽しいことが仕事なのですから、ラッキーですね。
いくら本が好きでも、店にあるすべての本を読むというのは物理的に不可能なのがつらいです。新聞やラジオをチェックし、記憶があいまいなまま本を探しに来るお客さんにも対応できるようにします。また、違うニッチを持った7人のスタッフどうしで、協力し合います。店に置く本のセレクトも共同作業です。毎月、新刊書のカタログが出るとミーティングを開き、そこから15パーセントの割合で店に置くべき本を選びます。
大学では英文学とクリエイティブ・ライティングを学びました。歴史短編小説を書き続けています。勤務時間のあとは、ほかの書店員との情報や意見の交換と、執筆に充てています。今の生活は理想的です。
この店にいると、人は本質的に本が好きなんだな、という実感があります。そして書店員にとっても一番大切なのは、本を愛すること。そうすればおのずと優れた本を選び、熱意を持ってお客さんと話をすることができます。そういう書店員がいる店にこそ、本屋さんの未来があると思います。

カーシン・ブックス

rthin Books

ロンドンから北へ、車で2時間ほど。北イングランド、ピーク・ディストリクトの自然に囲まれ、ハクチョウが泳ぐ池のほとりにある、自称「英国で一番楽しい本屋さん」。

近くには19世紀に温泉保養地として栄えたマトロック・バスがあり、風光明媚な観光地だ。メアリー・シェリーの小説『フランケンシュタイン』にも登場し、「スイスのような風景が広がる」との言及がある。
1970年代初め、山間の小さな村、コンフォードに本屋は一軒もなかった。オーナーは2,000冊の在庫を玄関口に置き、趣味として店をスタート。本職の土木技師の仕事が終わった夕方に、古本の買い付けに行っていた。やがて家じゅうにじわじわと本が増殖し、ついには家の主人を追い出してしまった。かつての居間には暖炉が、子ども部屋にはファンシーな壁紙が残る。
店は、開店当時の空気が残るタイムカプセルのよう。1階から3階まで、大小合わせて13の部屋に本がぎっしりと詰まった店内は、まるで迷路のよう。入り口のレジでは地図を貸し出している。
開店当初から、新刊書と古書をほぼ半分ずつ置いていた。これはイギリスでも珍しい形態だ。「少数派の中の多数派のための本屋」を合言葉に、どんな人でも読みたい本が見つかる品ぞろえ。今では新刊書4万冊、古書・希少書5万冊をそろえ、床面積あたりの本の数は、平均的な大型書店の3倍ほどに達する。天井に近い書棚を活用するため、背の高い人だけが利用できる割引本コーナーも。
近辺に住む常連たちが定期的に足を運び、1974年の開店日に来て、そのまま通い続けているお客さんもいる。
ローカルコミュニティーに溶け込む店づくりを目指し、地元のライターや歴史研究家の著作を発行する出版社としての活動も行っている。スタッフはフルタイムが3人とパートタイムが12人。単なる田舎の本屋ではない。経歴もプロのミュージシャン、数学や化学の学位の持ち主など、多彩な専門知識を持つ。近くに図書館のない子どもたちのため、とりわけ力を入れているのが児童書コーナー。天井のポップアップ本を使ったインスタレーションが彩りを添える。また、4〜16歳の子どもたちで構成される「子ども文芸批評委員会」を設け、その推薦にもとづいて本を入荷している。
1995年から、毎年10月には、店の主催でりんご祭りが開かれる。自宅で実ったりんごを人々が持ち寄り、店が用意した圧搾機で絞ってジュースにして持ち帰る。アートの展覧会やモリスダンスなどの余興もある村祭りだ。また禅の思想にもとづく瞑想のワークショップなどのユニークなイベントも無料で開催している。
観光のついでに本屋さんに立ち寄る人も多い。今では有名になった店そのものが名所なので、1階にはギフト部屋を設け、オリジナルのマグカップを販売。さらにポピュラーな伝記、フィクションなどを置いている。店内のベジタリアンカフェは、自家製のお菓子や軽食が評判で、ガイドブックに取り上げられる。晴れた日曜日には、トレッキングやピクニックの帰りに立ち寄る客たちでにぎわう本の迷宮。「世界で一番居心地のいい本屋」との評判を得ている。

面積=180㎡／規模=9万冊／創業=1974年
分野=総合(新刊書と古書、希少書)
業態=書店+カフェ+希少書のネット販売

CAUTION
UNEVEN
FLOOR
FIRE
EXIT

Children's Room

FIRE EXIT
CAFE
Second hand children's books

UTTERLY UNFAIR

ECOLOGY
APPLE DAY
CAUTION!
WATER CAN BE
VERY HOT

オーナー デヴィッド・ミッチェル

たくさん部屋があるから下宿屋でもするかと思って、この古家を買いました。ところが、学生時代に本屋めぐりをしていた頃の夢がふと再燃し、趣味兼副業として本屋を始めてみました。これが思いがけず商売として成功し、2年後には仕事を辞めて経営に専念。売り場を広げていくうちに、みるみる居住空間が縮んでいきました。最後はキッチンに家族全員が避難し、肩を寄せ合って煮炊きや食事、寝泊まりをしていたのですが、1995年にあきらめて別の家に引っ越しました。そしてそれを機に、本屋のキッチンではカフェを始めました。

この店は、長い時間をかけてできた博物館のような場所。素敵な午後を過ごし、しかもその一部を持ち帰ることだってできるのですから、博物館より楽しいですよね。

店を維持するのは、何枚もの皿回しを同時にやっているようなもの。古びていて散らかり放題なところがいいとお客さんは言ってくれますが、きれいにしようと努力していても、ペンキの塗り替えや照明の修理すら追いつかないというのが本音です。「やるべき価値のあることは、上手にやる価値がある」といわれますが、私の哲学は「やるべき価値のあることは、下手にでもやる価値がある」。私にとって、本屋になることは、自分の人生にチャンスを与えることであり、大いなる冒険でした。しかも、本は幅広い興味をカバーしていますから、本屋になれば、歴史家、写真家など、10人分くらいの人生を生きられます。これができたのは幸運でした。

David Mitchel

1944年生まれ。ケンブリッジ大学で科学と数学を学ぶ。学生の頃は歴史建築の本を求めての本屋めぐりが趣味だった。土木技師になって9年目に書店をオープン。「愛する女性とは必ず結婚するという誠実なタイプ」なので、これまで3回結婚した。5児の父。数学の本を執筆中。

この店の一冊（by David Booker）

“The Wind-up Bird Chronicle” Haruki Murakami

「僕がいろんなお客さんに薦めているおかげで、村上春樹は店で2番目によく売れている作家です。なかでも『ねじまき鳥クロニクル』は、過去10年で僕が一番楽しんだ本。いなくなった猫を探しに行くところから始まるストーリー。主人公のトオルは共感できるキャラクターで、感情移入してぐいぐいと読み進んでしまいます」

Scarthin Books

The Promenade, Scarthin, Comford, Derbyshire DE4 3QF, England, UK
Tel: +44(0)1629 823272
Fax: +44(0)1629 825094
http://scarthinbooks.com/
http://scarthinbooks.wordpress.com/
nickscarthin@gmail.com
月～土 9:00～18:00／日 12:00～18:00／12月25日・26日休

店長 デヴィッド・ブッカー David Booker

1968年バービンガム近郊生まれ。
93年にダービシャーに移りました。高校の教師をしていたのですが、95年に一人娘の育児に時間を取るため教師の職を退き、パートタイムでこの店の店員になりました。仕事が気に入って、やがてフルタイムで働き始めました。
かつては教師の仕事をしながら、いつかカフェのある書店を開きたいという夢を抱いていました。初めてこの店に来たとき、その風変わりな様子に感激しました。私はなんでも、普通なのが嫌いなので。
今、店に来て同じような反応をするお客さんを見ているのが楽しいですね。いつかスウェーデン人の女性が店に来たときは、「とんでもなくごちゃごちゃな店で、人気の理由がわからない」という感想を残して帰っていきました。たしかに、北欧のシンプルでストイックな美意識とは対極かもしれませんが、たいていはみなさんポジティブな反応です。
店の売り上げは、近年ゆるやかな下降線をたどっていたのですが、過去1年間では上昇に転じました。イギリス全体で本の売り上げは年間1割減少しているので、これは大変な成功です。うちは新刊書と古書の双方を置いているうえ、本屋さんを訪れるというトータルな体験を提供しているのが、長続きの秘訣だと思います。これからも、少しずつ時代に合わせて変わっていきながら、さらにニッチを突き進んでいきます。
私が人生の目標としているのは、幸せでいること。今、この本屋で働けて信じられないくらい幸せです。

ホッジズ・フィギス書店

Hodges Figgis Bookshop

HODGES FIGGIS
THE BOOKSTORE

EARTH
AFRICA
EXPLORERS
2011
BIG EASY READ
BRITAIN
BIG ROAD ATLAS
BRITAIN 2011
2012
Canada
Italy
ITALY

HODGES FIGGIS
SECOND FLOOR
FIRST FLOOR
GROUND FLOOR
BASEMENT
Our Account Sales service
3 CD set of Brendan Balfe's acclaimed series on RTÉ Radio 1
Just arrived in store
LAST MAN IN TOWER
ARAVIND ADIGA
JOHN GRISHAM

ジェームス・ジョイスの『ユリシーズ』にこんな一節がある。「月曜日に、ホッジズ・フィギスのウィンドウで、おまえが書くというアルファベットの本の一冊を探していた娘。おまえはじろりと彼女を見やった。」*

ジョイスのほかにも、ジョナサン・スウィフト、ブラム・ストーカー、サミュエル・ベケット、オスカー・ワイルドら、数々の個性的な文学者を生み出してきたアイルランド。アイルランドの国宝、8世紀の聖書の写本「ケルズの書」は、世界で最も美しい本ともいわれる。首都ダブリンは2010年、ユネスコにより「文学の都市」に指定された。今もプロ・アマチュアを問わず作家や詩人が多く、文学と本をこよなく愛するこの国で、ホッジズ・フィギスは、一番古い歴史を誇る本屋さんだ。

店のウインドウは、ジョイスの時代から、ダブリンの風景の一部だった。その後、店舗は何度か移転し、数年前には大手チェーン、ウォーターストーン書店の傘下に入ったが、今もアイルランドを象徴する書店として愛されている。「町の本屋」として、熱い支持を受けている理由は、歴史の古さだけではない。アイルランド関連の書籍と、地元の学生や大学教授たちに信頼されている学術書の品ぞろえ。そして、長年勤務している人が多い書店員の質の高さにも定評がある。

店頭の最も広いスペースには「アイルランドの本」の売り場が設けられていて、これがいわば店の心臓だ。たとえば、アイルランドの文学や、アイルランドの歴史に関する本は、文学、歴史書のコーナーではなく、この売り場にまとめて置かれている。もちろん、アイルランドの植物、アイルランドの料理といった本もここで見つかる。また数は少ないが、アイルランド語の本のコーナーもこの中にある。全国から、そしてアメリカをはじめとする海外からも、アイルランドに興味を持つ人たちが本を探しに訪れる。

ダブリンでは「ダブリン、一つの都市、一冊の本」というイベントを、公立図書館が共同で、毎年4月に開催している。ダブリンに関連する一冊の本を選び、市民みんなでこの本を読もう、と呼びかける企画だ。たとえば、7回目となった2012年は、ジョイスの著作がパブリック・ドメインに入ったことを記念し、『ダブリン市民』が選ばれた。この期間中には、店では出版社と協力し、ウインドウで全面的に宣伝するのはもちろん、特別版の本の出版記念や、本に関連したパフォーマンス上演などのイベントを開催する。この試みは成功を収めていて、選ばれた本は、毎年売り上げが大幅にアップするという。

近年アイルランドでは、大小さまざまな書店が店を閉じた。そんな中、店では、近年行われていなかったイベントを、2011年から頻繁に開催するようになった。クリスマス前には、ウインドウの中で、アイルランド人画家P・J・リンチが『クリスマス・キャロル』にちなんだ絵を描いて、でき上がった絵はチャリティーオークションに出品するというイベントを開催。これが客の呼び込みにつながり、2011年のクリスマスには、過去にない売り上げを記録した。

町の繁華街にあり、ランチタイムに訪れる勤め人たちも少なくない。近くにあるトリニティー・カレッジなどの学生は、授業で使う本を買うついでに、余暇に読む小説を買っていく。書店は今も昔も、ダブリン市民の生活の一部だ。

*集英社文庫ヘリテージシリーズ『ユリシーズ I』2003年、丸谷才一・永川玲二・高松雄一 訳

面積=1,670㎡/規模=17万冊/創業=1768年
分野=総合
業態=書店

店員(ウインドウ・イベント・マネージャー) スティーヴン・デヴリン

SF・ファンタジー・コミックの部門、文芸などを経て、昨年ウインドウとイベントのマネージャーに就任しました。これは、新しく設けられたポジションです。ウインドウとイベントは、本を売るための宣伝戦略の2本柱。バレンタインデー、母の日などの季節行事や、ラグビーのシックスネイションなどのスポーツイベントが、店内でのブックイベント、そしてウインドウのテーマになります。そうした話題がない時期には、店内でたとえば「アイルランド作家による犯罪小説」「ディケンズの200周年」などの特集を組み、それをウインドウにも展示します。どんなテーマでも、本をプロモートするための理由になります。

ウインドウで本を素敵に見せることは、本の価値を高めることになります。私はもともと絵が好きでデザインをするのは得意なので、デザインは自分でやります。装丁のきれいな本を優先して目立つところに置きます。

店内のブックイベントは、以前行われていた記録があり、アイルランドの出版社からの強い要望を受けて、昨年再開しました。売り場と同様、アイルランドの本、アイルランドの作家を重点的に扱います。フェイスブックで告知すると、2週間ほど前から予約が入っていきます。私自身、本に触れているのが大好きなので、売り場を離れたのはちょっと残念ですが、店のためと思ってがんばっています。将来的にはウインドウはプロにまかせて売り場に戻りたいですね。

Stephen Devlin

1978年ダブリン生まれ。ダブリン大学で美術史と考古学を学ぶ。2000年に卒業、アイルランドで遺跡発掘調査に携わった。不況で道路建設などの公共工事が減り、調査の仕事が減ってしまったため転職を余儀なくされ、2005年に同書店に就職。

この店の一冊(by Stephen Devlin)

"Dubliners" James Joyce

「知名度はやや低いですが、『ダブリン市民』はジョイスの最高傑作です。鮮やかで、濃密で、人物描写が優れていて、完璧な短編小説集。ダブリンがどんな都市かを知るための文化的ガイドブックとしてもこれ以上の本はありません。複数の出版社からいろんな装丁で出ていて、うちの店ではお好みのものが選べます」

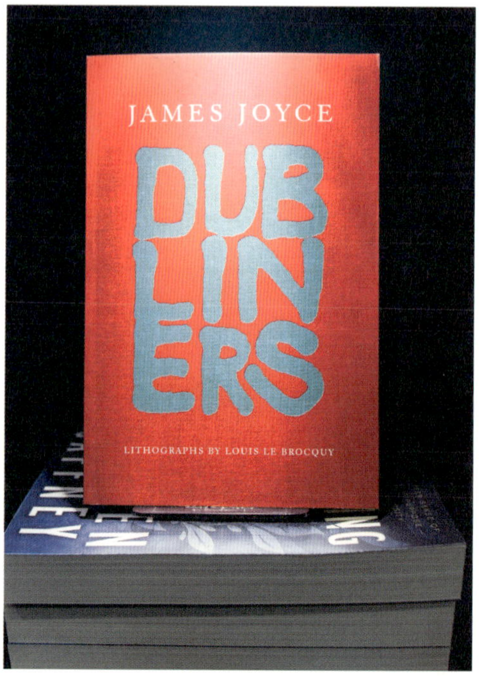

Hodges Figgis Bookshop
56-58 Dawson Street, Dublin 2, Ireland
Tel: +353(0)1 677 4754
Fax: +353(0)1 6793402
ENQUIRIES@HODGESFIGGIS.IE
月〜金 9:00〜19:00(木 〜20:00)/土 9:00〜18:00
日 12:00〜18:00/1月1日・12月25日・26日休

店員 ポール・マクグラス Paul McGrath

1965年ダブリン生まれ。
ダブリン大学で文学と哲学を学び、哲学の修士課程にも行きました。学生の頃、夏休みにこの店でアルバイトを経験。それがきっかけで採用され、25年前から働いています。今は、1階のマネージャーです。本のセレクトも私が中心となって行います。出版社の人と会って新刊書をチェックし、学術書に関しては大学の先生たちの意見も取り入れます。
この店が愛されているのは、幅広い品ぞろえと、店員の質の高さが理由です。書店員の仕事は毎日の継続。細かく挙げたら20種類くらいのタスクがありますが、それらを何度も繰り返しやっているうちに、優れた仕事ができるようになります。またクリスマス商戦の準備は10月に始めます。
うちの店は歴史がありますが、それが将来の保証になるかといえば、まったくそうではありません。今日私たちがどのような仕事をするかによって、店の未来は決まります。また私は新人の教育にも力を入れています。とりわけ、お客様との対話を何よりも優先するように教えます。

IRISH AUTHORS
PIGEON ENGLISH
Fire extinguisher

ワインディング・ステア書店

The Winding Stair Bookshop

PENGUIN
€3
IRELAND
THE HOUSE
SC
CORK

1970年代、「ブックショップ&カフェ」として営業していたワインディング・ステア。作家、ミュージシャン、アーティストが集い、朗読会や本の出版記念パーティーが頻繁に行われていた。

階上のカフェでは作家たちが原稿を書いたり、編集者とミーティングをしたり、書斎代わりに使う姿も目立った。しかし、アイルランド不況にも影響され、2005年にいったん閉店が決まる。2006年、階上のカフェは飲食店グループに買収され、レストランとして営業を続けたが、書店は5年間、閉鎖されたままだった。2008年にはレストランの親会社の経営も危うくなり、フロアマネージャーが店を買収する。そのビジネスパートナーとなったブライアン・モンテギューさんが、書店の再開を手掛けた。2010年、ブライアンさんの妻、ジョイスさんが店長となり、書店が再開。店名の由来でもあった、レストランと書店をつないでいたらせん階段は改装で取り払われ、階上のカフェはダブリン有数の高級レストランに様変わりした。窓の外に川を望むノスタルジックな本屋さんの雰囲気は往時のままだが、昔の「本屋のカフェ」の雰囲気を再現するべく、窓辺にコーヒーテーブルを置き、そこで飲み物を出すサービスを実施している。

店があるのは、ダブリン旧市街の中心で、町のシンボルにもなっているリフリー川北岸のハーフペニー橋のたもと。橋を渡れば、ギャラリーや劇場が集まる文化の発信地テンプルバー地区と、トリニティー・カレッジがあるという土地柄。お客さんは、文学好きの読書家、アート学生など、独立系書店を応援しようという気概のある人たちが中心だ。

店長のジョイスさんとともに店を切り盛りするのは、1987年生まれの娘のサラさん。子どもの頃から本好きで、トリニティー・カレッジで哲学と美術史を学んだのち、アイルランド国立美術館のガイドを務めつつ、書店の店員とセレクトを担当。作家としても活動していて、文学書のセレクトが得意だ。

本の種類は、幅広い客層に応えるため、数は少なくてもバラエティーに富んだセレクトを心がけている。女性だけだと偏るので、甥にあたる大学生にも意見を聞くようにしている。

大手書店に価格ではかなわないので、ニッチな本を充実させている。新刊書と古書を両方置いているほか、大手書店では見つかりにくい中小の出版社の本と、選りすぐりの児童書に力を入れている。ひねりの利いたアート本、地元の新進作家やアーティストの本、それに詩人の多いアイルランドならではの詩や短編の同人誌が見つかる。

階上のレストランに来るグルメのお客さんが立ち寄るケースも。そのため、料理本や食関連の本のコーナーも人気だ。また週末は家族連れで食事に来て、絵本を買っていく姿も目立つ。レストランで食事をすると、本屋さんでは1割引きで本が買えるサービスが受けられる。

店に置かれている本4,500冊のうち、1,000冊ほどが古書。とくに、祖先のルーツを訪ねてアイルランド観光に訪れるアメリカ人には、ジェームズ・ジョイスの古い版の小説がおみやげとして圧倒的な人気を誇る。新刊書でも、アイルランドの歴史や文学に関する本はよく売れる。

町で評判のアイルランド料理を味わったあと、アイルランド文学の本を選び、リフリー川を眺めながら紅茶とともに読書が楽しめるスポット。文学の町、ダブリンのランドマークとして親しまれている。

面積=55㎡／規模=4,500冊／創業=1982年
分野=新刊書と古書。文学、芸術、デザイン、児童書、歴史、哲学、料理
業態=書店+カフェコーナー

店長 ジョイス・モンテギュー

私はもともとソーシャルワーカー。人間を相手にした仕事という意味では書店員ととてもよく似ています。私は、お客さんとは常にアイコンタクトを心がけ、自分だけでゆっくり書棚を見たい人と、話をしたい人を見分けます。うちは、ほかにはない品ぞろえが自慢なので、自分のために、あるいはプレゼントのために、本についてのアドバイスが欲しいという人もたくさんいます。店番をしていると、「こんなお店で働けるなんていいですね」と言われることがよくあり、お客さんとのふれあいが大きな楽しみです。

不景気だからか、立ち読みだけで本を買わない人も目立ちます。写真だけ携帯で撮って店を出て行ってしまったり。あとでネットで買うのかもしれません。昼休みにやってきて立ち読みをし、しおりを挟んで、翌日の昼休みに続きを読む、というビジネスマンもいます。でも、店にはいつも私か娘がいるので、顔なじみの常連さんもたくさんいて、そうしたお客さんたちに支えられています。彼らは、「私はアマゾンはけっして使わない」と宣言する人たちです。独立系書店をサポートするというのは、いわば生き方の表明でもあります。最近は、アイルランド製品を選んで買おうという機運が高まっているので、それと相まって、地元の食品を使った階上のレストランと同じように、地元作家の本を積極的に紹介しているこの店をサポートしようというお客さんが増えています。店では、アイルランド人アーティストによる写真やアートを使ったポストカードも、本のプレゼントに添えるのに人気です。

Joyce Montague
1959年ダブリン生まれ、ダブリン育ち。北アイルランドで保育学を、ロンドンで社会政策学を学ぶ。ロンドン在住だったが、2004年に家族とともにダブリンに戻る。フリーでソーシャルワーカーの仕事を続けるかたわら、書店経営にかかわる。

この店の一冊(by Joyce Montague)
"Hans Christian Andersen's Fairy Tales"
Harry Clarke 絵
「アンデルセンの童話集で、アイルランド国立美術館に所蔵されている挿画を収めた美しい絵本です。ハリー・クラークは我が国が誇る画家で、アイルランド各地の教会のステンドグラスも手掛けています。20世紀初めの作品なのに、とてもモダン。うちのお客さんたちはディズニーは嫌いというタイプで、こういう絵本が人気です」

The Winding Stair Bookshop
40 Lower Ormond Quay, Dublin, Ireland
Tel: +353(0)1 8766576
http://www.winding-stair.com/
bookshop@winding-stair.com
月〜水 10:00〜18:00
木〜土 10:00〜19:00
日 12:00〜18:00
祝休

Shakespeare and Company

パリ
Paris

L'Ecume des Pages

シェイクスピア・アンド・カンパニー

Shakespeare and Company

パリには1941年まで、アメリカ人女性シルヴィア・ビーチの英語書店「シェイクスピア・アンド・カンパニー」があった。1922年にジェームズ・ジョイスの『ユリシーズ』を出版したことで名高い。

アンドレ・ジッドやヘミングウェイら、アメリカ・フランスの作家たちが数多く出入りし、パリの文学の中心だった。
一方で、パリに現存する同名書店の創業者は、第二次世界大戦後のパリにアメリカから渡ったジョージ・ウィットマン。ソルボンヌ大学でフランス語を学んでいたが、友人のローレンス・ファーリンゲッティ（その後サンフランシスコの名門書店「シティライツ」の創設者となる）の勧めで、1951年、書店を開く。
パリ左岸、カルチエ・ラタンの一角にある店は、当初「ル・ミストラル」という名だった。ジョージは、生前のシルヴィア・ビーチと親交があり、本人から店名を譲り受ける許しを得た。ビーチは62年に亡くなり、ジョージは店名を64年に「シェイクスピア・アンド・カンパニー」に変更した。
ジョージは南米を貧乏旅行した際に、旅先で見知らぬ人々に寝床と食事を提供してもらった思い出が忘れられず、開店当時から、作家とその卵たちを無料で自宅に招いた。自分の部屋を持たず、文字通りゲストたちと寝食をともにした。ヘンリー・ミラー、アナイス・ニン、ローレンス・ダレル、アレン・ギンズバーグを含む有名無名の5万人ほどが滞在し、中には7年間暮らし続けた人もいたという。アパルトマンの書棚には、作家自身がサインをして残していった著作が並ぶ。
現在も、滞在条件は一日1冊本を読むこと。窓からはセーヌ川とノートルダムが望め、白猫キティ、黒犬コレットが暮らすアパルトマンには、ほぼ常に2〜6人の若者が寝泊まりし、読書と執筆にいそしむ。
数十年を経て、店は元祖「シェイクスピア・アンド・カンパニー」に負けないくらい、敬意を集める書店になった。映画「ビフォア・サンセット」や「ミッドナイト・イン・パリ」では、アメリカ人が憧れる文学都市パリの風景に欠かせない本屋さんとして描かれている。2011年暮れ、98歳で亡くなるまで、ジョージは店の運営に心血を注いだ。
17世紀まで修道院だった店は、時の流れに磨かれた風情があり、今では世界中から旅行者が訪れる観光名所だ。しかし、現在店を切り盛りする2代目シルヴィアさんは、店が単なる歴史遺産ではなく生きた本屋として機能することを目指す。店内で著者の講演会や音楽のイベントを頻繁に実施しているほか、本のセレクトにも独自の工夫を重ねる。たとえば、観光客でも気軽に手にとれるようなベストセラーを置きつつ、読書家の常連客のために先鋭的な文芸作品も充実させる。古典の豪華装丁の本が、新たな売れ筋だ。
2012年、パリの雑貨店とのコラボによるオリジナルのノートの販売や、プレゼント用の通信販売をスタートした。有名書店としてのブランド価値をビジネスにつなげる試みだ。世界中にファンがいる店だけに、フェイスブックを活用し、バーチャル・コミュニティーづくりにも積極的に取り組む。
店の2階には、シルヴィア・ビーチから寄贈された蔵書が並ぶ図書室がある。シェイクスピア・アンド・カンパニー書店は、今は亡き2人のアメリカ人の思い出を大切にしながら、新時代を歩んでいる。

面積=120㎡／規模（冊数）=「想像もつかない」／創業=1951年
分野=文学、エッセイ、哲学、芸術、人文科学（新刊+古書+希少書+雑誌）
業態=書店+ライターインレジデンス（非公式）

White Masks
THE ECHO CHAMBER

Children's

History

OLD SMOKY
EADING ROOM

Point d'arrêt des
autocars SNCF

L'AFFICHE

店長 シルヴィア・ウィットマン

イギリスで過ごした10代の頃は演劇に夢中で、本屋には興味がなかったのですが、パリに戻ってきたときに「この店はまるで劇場だ」と気がつきました。個性的な登場人物が次々と登場しては消えていき、日々ドラマが展開します。
この店を特別な場所にしているのは、歴史の重みだけではなく、生きた本屋としての活気です。毎週、作家のレクチャーやコンサートなどのイベントを開きます。だから夜遅くまで働きますし、掃除や荷さばきもあって重労働ですが、優れた本屋をやっていくために近道はありません。私自身もたくさん働きますし、パートタイム5人、フルタイム5人のスタッフたちには十分な給料を支払うとともに、家族のようなきずなを築き、幸せな気持ちで働いてもらえるように気を使っています。
ここは放っておいても観光客がやってくるので、『星の王子様』の本とロゴ入りの記念品だけを置いて商売をやっていくことだって可能です。でもそれではつまらない。ふだん本屋に行かない人も、ここに来たことをきっかけに、読書の楽しみを見つけてくれたらと思います。
うちの店は、若い読者がたくさん集まります。だから未来に向けた書店を目指しています。私は父の哲学と美学を大切にしながら、若い世代に合わせて、より親しみやすくモダンな店にしていきたい。父は勤勉であると同時に、物事を深刻にとらえすぎないユーモアの持ち主でもありました。こうした精神を私も忘れないように心がけています。

Sylvia Whitman
1981年、セーヌ川を挟んで書店の対岸にあるシテ島のオテル・デュー病院で生まれ、シルヴィア・ビーチにちなんで命名される。6歳までパリで育つ。両親の離婚にともない母の祖国のイギリスに引っ越すが、大学卒業後21歳でパリに戻る。やがて父とともに店の経営に携わる。

この店の一冊（by Sylvia Whitman）
"Tender Is the Night" F. Scott Fitzgerald
「私が一番好きな作家はフィッツジェラルド。不朽の名作『夜はやさし』は、ロマンティックかつ問題に満ちた結婚生活をめぐるストーリー。舞台の一部はフランスなので、ぜひこの店で手に取ってみてください。ちなみにこれはアーティストが作った本の形のオブジェで、本棚の上の方に並べると、本物の本みたいに見えます」

Shakespeare and Company

37 rue de la Bûcherie, 75005 Paris, France
Tel: +33 (0) 1 43 25 40 93
http://shakespeareandcompany.com/
news@shakespeareandcompany.com
月〜金 10:00〜23:00／土・日 11:00〜23:00／一部祝日休

店員 ダヴィッド・ドラネ David Delannet

シェイクスピアと哲学についての博士論文を書いていた頃、店に来てシルヴィアと出会いました。2人で意気投合し、2008年に店主催の文学フェスティバルを立ち上げ、ポール・オースターを招いて朗読会をオーガナイズ。その後シルヴィアと結婚し、今ではすっかりこの店の一員です。僕は母がイギリス人、父がフランス人のバイリンガル。しかも出版関係の仕事もしていたので、これは運命でしたね。
ここは変わった本屋。自由で開かれた空間です。数年前に雑誌の企画で、ここに昔滞在したアメリカ人男性にコンタクトを取ったところ、「今年30歳になる息子がいるのだけれど、そこに滞在中に受胎したんだ。正確な場所は、店内でなくてノートルダムの駐車場かもしれないけれど。あれは僕たちの人生最良のときだった」と感無量の様子でした。ここには本との出会いがあり、魅力的な男の子やきれいな女の子との出会いがある。つまり本物の人生があります。シルヴィアは一人っ子ですが、父親のジョージはいつも「君は世界中に兄弟がいる」と言っていました。
シルヴィアの代になって、店を時代に合わせていくために、やるべきことはたくさんあります。あちこちガタがきているので電気工事も修繕も必要だし、店を広げてカフェも作りたい。それから、パリ郊外に農場を買って、古本の倉庫を確保すると同時に、静かな環境で野菜を作りながら執筆ができるような環境を作りたいという計画もあります。いわば作家のためのユートピアです。

Q
R
Malaparte
Kaputt
Richard Powers
La chambre aux échos
Maupassant
Bel-Ami
LES DISPARUS
Daniel Mendelsohn
Prix Médicis étranger 2007
Patrick Rambaud
Haruki Murakami
Autoportrait de l'auteur en coureur de fond
Marie NDiaye
Trois femmes puissantes
PHILIP KERR
HÔTEL ADLON

レキューム・デ・パージュ

L'Ecume des Pages

PIERRE BOURDIEU
SUR L'ÉTAT
COURS AU COLLÈGE DE FRANCE 1989 – 1992
QUEL TRAVAIL VOULONS-NOUS?
NOS ENFANTS NE SONT PAS À VENDRE

Steichen
julien GRACQ

サンジェルマンにあって、パリの読書人の圧倒的な支持を集める書店。すぐ隣は、サルトルが2階を書斎代わりにしていたカフェ・ド・フロール。ヘミングウェイが通ったカフェ・ドゥマゴもすぐそこだ。

「ページの泡」という店名は、サンジェルマンのジャズクラブでトランペット奏者としても活躍した作家、ボリス・ヴィアンの『日々の泡』に由来する。テーブルの上にペンダントライトが低く下がる照明プランは、本の表紙を美しく見せ、立ち読みをしやすくする。音楽はなく、店の中には静寂が流れる。本好きのお父さんに連れられてきた子どもたちも静かに絵本を選んでいる。

店の中心は文芸作品だ。店に入ると、左側にフランス文学の棚が広がる。全集に続いて、著者のアルファベット順に整然と本が並ぶ。詩と演劇のコーナーがそれに続く。右側に進むと外国文学で、その先の小部屋に、アートや写真、映画のコーナーがある。店の奥は、児童書と旅行書を経て、中庭に面したペーパーバックの小部屋がある。

店の中央部分にあるテーブルに平置きにする本は、新刊書の中から、店員が薦めたいものを、翻訳物とフランス作家の作品を分けて置いている。新刊書のコーナーには、たとえば夏目漱石の随筆集と、エリオ・ヴィットリーニの小説が並ぶ。外国の作品では、現代作家の新作よりも、有名作家の比較的知られていない作品の新訳など、ほかの店では見つけにくい作品に力を入れている。ウインドウではいつも話題の本やひとつの出版社、時事問題など、特定のテーマで本を展示する。このウインドウに対応した小さなテーブルが、レジの近くに設けられている。

店のスタッフは学生のアルバイトも含めて14人。セレクトは、4人のフルタイムの店員が、2つずつ売り場を担当する。店員は、熱心な読書家ばかり。そして、店長の言いなりではなく、自由に、かつ自発的に責任を持って書店員としての仕事をこなすことが求められる。長年勤める店員が多く、常連客との強いきずながある。また仕事の傍ら、小さな出版社を設立した書店員が複数いて、彼らが出版した本も店頭に並ぶ。

サンジェルマンに暮らし、この界隈を散歩するのが習慣という人たちがいる。たとえばある男性のお得意さんは、毎週金曜日には、カフェ・ド・フロールでコーヒーを飲んだあと、来店。店の中での行程も決まっていて、外国文学、フランス語、人文科学、エッセイ、美術の順に見て回り、山ほど本を買っていく。

近辺にはシラク元大統領など有名政治家の弁護士も少なくない。彼らを中心に、帳簿に買った本をつけていき、毎月まとめて請求書払いという昔ながらの方式をとっている大型顧客が10人ほど。仕事関係から趣味まで大量に本を買うので、店にとってはレジが混まないという利点もある。普通のお得意さんのためには、手書きの名簿があり、名前がある人は割引が受けられる。現在2,700人の名前が登録されている。

かつては書店が軒を連ねていたサンジェルマンだが、近年閉店が相次ぎ、そのあとには高級ブティックが進出して、ショッピングの街になりつつある。レキューム・デ・パージュにも、店舗を売らないかという問い合わせが定期的に来るが、かたくなに拒否し続けている。

面積=285㎡／規模=4万冊／創業=1970年代末
分野=文学、詩、エッセイ、旅行、地理、児童書、アート、写真、映画
業態=書店+ネット販売

店員 アレクサンドル・マルシャンディエ

うちは出版記念など、ブックイベントも積極的に開催しています。大手出版社は、書店との関係よりもメディア対応を優先する傾向があり、協力を受けるのが大変です。でもこれは大きな間違い。本と読者をつなぐのは本屋なのですから。
僕が働き始めた12年前からの常連さんたちや、その当時からつきあいのある出版社の人が、今では最も親しい友人です。本を置いてほしいと持ち込んできたのがきっかけで友達になった小さな出版社の経営者も何人もいます。中には売り上げの5割はうちの店、というところもあり、持ちつ持たれつの関係です。
どんな状況でもお客さんに背を向けることを店員に禁じている大手書店があると聞きました。うちの店には自由があるので、ほかの本屋で働くくらいなら、別の仕事を探したいです。一方で、本屋を特別視するあまり、レストランや他の商店と同じ接客業であることを忘れる書店員が、うちの店にもいます。「店員さんですか」とお客さんに聞かれて「いいえ、書店員です」と答えたのを耳にしたことがありますが、それは間違いです。
僕自身、10代の頃は、本屋に行くのは歯医者に行くのと同じくらい怖かった。だから、あまり本を読まない人にも、読みやすい本を礼儀正しく薦めてあげます。逆に、そういうお客さんには難解な本は薦めないことも、アドバイスの一環。こうすることで、信頼が得られて、また店に足を運んでもらえますし、読書人口を維持することにつながります。

Alexandre Marchandier
1977年パリ郊外生まれ。ソルボンヌ大学で文学を修めたのち、パリ装飾芸術博物館付属学校で絵画修復を学んだ。出版社勤務を経て、契約期間が完了する頃に友人に紹介されたのがきっかけで、2000年からレキューム・デ・パージュの店員に。

この店の一冊(by Alexandre Marchandier)
"Festins Secrets" Pierre Jourde
「ピエール・ジュルドは大学教授であり、ユイスマンスの後継者ともいえる作家。19世紀フランス文学の伝統にあるファンタジーの精神を生かしつつ、現代的な創作世界を切り開いています。けっして読みやすい本ではないので、買おうとした人を止めたこともあります。コアな文学ファンには喜ばれる作品です」

L' Ecume des pages
174, Bd St Germain 75006 Paris, France
Tel: +33(0)1 45 48 54 48
http://www.ecumedespages.com/
月～土 10:00～深夜0:00／日 11:00～22:00／一部祝日休

Libreria Coop
Ambasciatori

Giannino
Stoppani

Lib
Go

ボローニャ
Bologna

フィレンツェ
Firenze

ria
ni

Libreria
Antiquaria
Gonnelli

La Cité
Libreria Cafè

È FACILE FARE LA PASTA DI GRAGNANO
CAV. OLIMPIO AFELTRA
“ALMENO MANGIAMO E BEVIAMO BENE„
MANGI MEGLIO
VIVI MEGLIO
EATALY
CREMA MANI ALLA CALENDULA
Guillem Martínez
Guida alla Barcellona ribelle
GRAGNANO

コープ・アンバシャトーリ書店
Libreria Coop Ambasciatori

QUI
A PREZZO DI SCAFFALE
SCONTO CANTINA 5%
SCONTO CANTINA 10%

ヨーロッパ最古の大学がある文化都市ボローニャは、「食の都」としても名高い。パルミジャーノチーズ、パルマハムを産出するエミリア・ロマーニャ州の州都には、本と食の殿堂がある。

ボローニャの中心、マッジョーレ広場の近くに、20年あまり閉鎖されていた元映画館があった。これを文化施設として活用するため、ボローニャ市がコンペを行った。書店チェーンのコープは、有力株主である食の企業「イータリー」と組んだユニークなプロジェクトを提出し、選ばれた。

英語の「イート(食べる)」と「イタリー」を合わせた名前を持つ「イータリー」は、イタリア産の良質な食品やワインなどを扱うトリノ発祥の店。小規模の生産者による良質のイタリア産食材を使った料理やワインが楽しめ、食材を買うこともできる。東京やニューヨークにも支店を広げているが、書店と組み合わせた店はボローニャにしかない。

一見すると料理書の専門書店のようだが、実際には、料理書コーナーが充実していることを除いては、ジャンルが均等にそろっているごく普通の一般書店。そして、各フロアに、食と本が共存している。1階は文学と芸術の本のコーナーと、カフェがある。2階は旅行書と趣味の本の売り場に、食材店とトラットリアが併設されている。3階は人文科学、科学、子どもの本のわきに、オステリアがある。

レストランや食料品店の存在が、本の売り上げに直接つながっているわけではない。店では、本を買った人にイータリーでの割引券を配り、イータリーの利用者に本の割引券を配る、という実験をしたことがある。その結果、本を買う人はイータリーに積極的に立ち寄ったが、イータリーの利用者が食料品を買うついでに本を買う割合は低いことがわかったという。店ではそのことを問題にしていない。「食と読書は、人間にとって同じく必要不可欠なもの」という信念をベースにしつつ、開放的で魅力的な空間を作り上げることで、また来たい本屋さんを実現する。イータリーとのコラボによるユニークな空間づくりが、そのために役立てばそれでいい。もちろん、食部門の売り上げにより、書籍部門の運営を経済的に助けるという実際的な利点も無視できない。

本のセレクトにも特徴がある。イタリアで年間8万点も出版される本の中から、「本当に読むべき本」だけをセレクトして店に置くという作業を、25人の書店員が、フロアごとの責任者を中心に担当する。店の売り上げの8割は、年間5部以下しか売れないタイトルが占める。ベストセラーではなく、マイナーでも質の良い本を売るのは、書店員にとって手間ひまがかかる作業だが、そのおかげで、他店では見つからない本を求めて足を運ぶ常連客が少なくない。

店内には、ボローニャ出身の作家の作品や、ボローニャにまつわる本を集めたセクションがある。その奥はピアノの置かれた舞台と、椅子の並べられたイベントコーナーが設けられ、本関連のイベントのほか、地元出身のミュージシャンのコンサートなどの催しが、ほぼ毎日開かれている。人気歌手が出演する日は、昼間から場所取りをしつつ本を「座り読み」する高齢のお客さんもいる。

パスタも本も買える店で過ごす時間は、ボローニャ市民の栄養になっている。

面積=1,500㎡／規模=14万冊／創業=2008年
分野=総合
業態=書店+カフェテリア+レストラン+食料品店+イベントスペース

コンサルタント ロマーノ・モントローニ

本は精神の糧であり、食は身体の糧です。うちの店は、その相乗効果を狙った世界でも唯一の本屋さんです。食べることは人間の基本的欲求ですが、「よく食べる」ことはまた別の話です。優れた本と優れた食は、私たちイタリア人にとって豊かな人生を生きるための二大要素。この店がイタリアにあるのは偶然ではありません。

私はこれまで600人を超える書店員を採用し、養成してきました。35歳以下の若者を積極的に採用しています。3か月間の研修期間では、本がどのように作られるかといった出版業界の舞台裏から、本のディスプレーなど店での実践的な作業までをみっちり教えます。

イタリアにも2010年にアマゾンが上陸し、電子書籍も売られるようになりました。でも、そこには人間らしさがありませんから、書店とはまったく別の次元の存在で、ライバルだとは思っていません。書店は優れた書店員との会話を通して本と出会える場所であり、感動があり、血が通った存在です。世界から本が消え、本屋さんが消えるとしたら、それは、映画の「アバター」みたいな世界。人間が美しいものを求める心が死に絶えない限り、本屋さんがなくなることはないでしょう。

Romano Montroni
1939年ボローニャ生まれ。1962年大手チェーンのフェルトリネッリ社に就職、90年代には社長を務める。2001年からは書店員養成学校で教えると同時に、2005年から現職。著書に『魂を売る——書店員の仕事』(Vendere l'anima. Il mestiere del libraio、2006)がある。

この店の一冊(by Alessandro Cioppi)

"I miei ricordi: Scalate al limite del possibile" Walter Bonatti

「イタリアを代表する登山家、故ワルター・ボナッティの自叙伝。『可能性の限界に向けた登頂』というタイトルで、有名な1954年のK2登頂への貢献など、50年代から60年代にかけてのさまざまな登山の記録を淡々と綴っています。私自身は、別に登山に興味はありませんが、極限状態での挑戦は、どんな仕事をしている人にも刺激になります」

Libreria Coop Ambasciatori
Via Orefici, 19 Bologna, Italy
Tel: +39 051 220131
http://www.librerie.coop.it
libreria.ambasciatori@librerie.coop.it
月〜土 9:00〜深夜0:00／日 10:00〜深夜0:00／12月25日・4月25日・5月1日休

店長 アレッサンドロ・チョッピ Alessandro Cioppi

1974年生まれ。

ミラノ大学で哲学を学びましたが、2000年にたまたま採用されて書店員になり、その後この店のコンサルタントのロマーノと出会ったことで、この仕事にのめり込むようになりました。ロマーノによれば、書店員の仕事は本に命を与えること。著者やタイトルなど本の素質は決まっていますが、その生死を分けるのは書店員次第。何部仕入れて、店頭でどのセクションに分類してどの場所に置くかということで、売り上げがまったく変わり、その本の寿命が決まってきます。

書店が書店員を作るのではなく、書店員が書店を作ります。実践的な知識に加え、知性や感性、そして豊かな人間性が問われる書店員の仕事は、毎日が勉強です。25人の書店員を統率する店長として、私が心がけているのは、ひとりひとり違った個性を持ったスタッフの最も良いところを引き出すこと。「やればわかる」が私の信条ですが、細かなルーティンワークが山ほどありますから、新人には「なぜこの作業を今やらなくてはいけないか」ということをきちんと説明するようにしています。毎日現場で経験を積むにつれて、言われなくてもきちんと仕事ができるようになるのはうれしいですね。

朝届く本の包みを開けて、適切な場所を考えて店頭に並べ、お客さんに見つけてもらうのを待つ。何度繰り返しても、わくわくします。こんなに素敵な仕事が、世の中にほかにあるでしょうか。私は本当に幸運だと思います。

ジャンニーノ・ストッパーニ

Giannino Stoppani

ボローニャでは、世界で唯一の児童書の国際見本市、ボローニャ児童図書展が毎年開かれる。児童書を専門とするこの本屋は、30年間にわたり、この見本市とともに歩み続けてきた。

1983年、教師など学校関連の仕事をしていた5人の女性が集い、当時のボローニャにはなかった子ども向けの書店を開いたのが、ジャンニーノ・ストッパーニの始まり。当時は、子ども向けのいい本が数多く出版されるようになった一方で、子どもの本が買えるのは大手書店のごく限られたコーナーだけだった。いい本が十分に紹介されていない状況をどうにかしたいという思いがあった。

今では5人のうちプロジェクトに残った女性3人が共同で運営する。書店経営にとどまらず、子ども向けの本屋さんの書店員を育成する専門学校アカデミア・ドロッセルマイヤーの運営、子ども向けの本の出版、それに児童図書展の関連イベント主催を手掛ける。また、姉妹店のおもちゃ屋さんも経営している。児童図書展の期間中には、世界中から訪れた参加者が必ずこの店に立ち寄るため、外国語の本を多めに置く。

図書館、学校も重要な顧客だ。新刊書の中から優れた本を紹介するサービスを行う。司書が店を訪れて本を選ぶこともあれば、遠方や予算の少ない図書館には、信頼に基づき本をセレクトして送り届ける。また個人のお客さんに対しては、パーソナルショッピングのサービスも行う。予算の枠内で、テーマや基準に合った本を選ぶ。

とはいえ、店にとって最も大切なお客さんは子どもたちだ。書棚は子どもたちの目の高さを優先し、低いところに人気の本を置くようにしている。また店内に置かれている椅子や机もすべて子どもサイズ。それでもインテリアは落ち着いた色合いを基調とし、子ども扱いしないセンスと質を貫く。

また、「本との幸福な出会いは、読書人になるための最初の一歩」という考えにもとづき、子どもたちを対象にしたガイドツアーを開いている。本屋さんを上手に利用できるようになるための教室。子どもたちは学校の先生に引率されて店を訪れ、1時間かけて、「本屋さんの棚に並べられた本を見て回り、その中からよさそうな本を手に取り、タイトルや著者をはじめとする本についての情報を読み取る」というひと通りの行為を学ぶ。本を手に取るときはよく覚えておいて元の場所に戻すこと、本は大切なものなので丁寧に扱うことなど、基本的なマナーを身につけるとともに、年齢や興味、読書経験に合った本を自分で選べるようになることが目標だ。何冊かを手に取って予算に合わせて買う本を決め、お金を払って家に持ち帰り、自分の書棚を作り上げていく。こうして自分のものになった本には、かけがえのない文化的な価値が生まれると、店では考えている。対象は2歳から18歳までと幅広い。今では修学旅行や遠足の一環として、イタリア全国の学校から子どもたちがこのツアーに訪れる。

30年間の歴史を経て、お客は2世代目に入った。開店した頃、親に連れられてきていた子が、今は自分の子どもを連れてくる。昔お気に入りだった絵本を求める親たちは、もうぼろぼろになってしまった本は「愛着があるから」と自分用にとっておき、子どもには新品を与えるという。

面積=240㎡／規模=15,000冊／創業=1983年
分野=児童書、ヤングアダルト向け書籍
業態=書店

店長 ジャンパオラ・タラリーニ

うちではスタッフみんなで手分けして絵本に目を通し、挿絵や文章を吟味し、自信を持って薦められる本を選びます。絵本の町として知られるボローニャの伝統の存続にも貢献しているという自負があります。居心地がいい店づくりを心がけているので、リピーターが多いです。若いママから、「この前薦めてもらった本がよかったから、友達の子にもプレゼントしたい」といった声を聞くとうれしいですね。
イタリアの学校は図書館の予算が少なく、特別に読書の時間ももうけられていない。子どもの頃に読書習慣をつくることは重要ですから、本屋さんの役割はとても大きいです。書店員は、子どもの教育にもかかわる仕事で、責任重大。しっかりした知識と信念を持ちつつ、オープンな精神を保つことと、子どもとコミュニケーションする能力が不可欠です。うちの店が30年間続けてこられたのは、本に関する知識はもちろんのこと、本当にいい本だけを売るという正直な商売をしているからです。子どもにうそをついてもすぐ見破られてしまいますから。
子どもに合った本を選んであげるのは、贈り物をあげるようなもの。今の世界はさまざまな困難があります。本は、そんな時代に世界に立ち向かうために必要な力を与えてくれます。

Giampaola Tararini
1950年ボローニャ近郊生まれ。小学校の教員を経て、1983年、ジャンニーノ・ストッパーニを仲間4人とともに共同で設立した。書店部門のディレクターとしてセレクトを手掛け、店頭に出るとともに、ガイドツアーの先生も務める。

この店の一冊（by Alessandro Molina）
"Federico" Leo Lionni
「レオ・レオニの『フレデリック』。力強いストーリーテリングが、いつもお話を聞かせてくれた僕のおじいさんを思い出させます。さらに優れたイラストが楽しめる名作です。単なる怠け者かと思われていたねずみのフェデリーコが、仲間たちに詩人として認められるまでの物語。その内容もどこか親近感がわきます」

Giannino Stoppani
Palazzo Re Enzo, via Rizzoli, 1/F Bologna, Italy
Tel: +39 051 227337
Fax: +39 051 226048
http://www.gianninostoppanilibreria.net/
gstoppani@libero.it
月～土 9:30～19:30／日 10:00～13:00／15:30～19:30／5月～9月14日休

店員 アレッサンドロ・モリーナ Alessandro Molina
1978年ボローニャ生まれ。
大学で心理学を学んだあと、4年前から働いています。書店員は憧れの仕事でした。とくにこの店は子どもが相手なので、本を売るのもとりわけやりがいがありますし、子どもの視点で物事を考えるうえで、心理学の知識が役に立っています。この仕事は、大人があまり本を読まないイタリアでは、親たちを教育することでもあります。
有名店ですし世界中からプロがやってきますから、「本を置いてほしい」という出版社からの売り込みも熱心です。その中には商業的な本が少なくありません。この店では質の良さ、そしてとりわけ趣味の良さを大切にして厳選しています。趣味というのは子ども時代に育まれるものですから。だから、この店はインテリアも一流の書店にふさわしい風格があります。お客さんに対して誠意を持ち、いい本をいい環境で売る書店だけが、今後は生き残っていくと思います。
児童書展の会期中4日間と、クリスマス前が繁忙期で、限られたスタッフで仕事をこなすのは至難の業です。書店員はどこかロマンティックなイメージのある仕事ですが、重い箱を開封し、中身を店のあちこちに並べるというのは重労働。クリスマスの時期はプレゼント用包装もするので作業量が膨大になります。
将来の夢は、イタリアでは口にしたら夢はかなわないと言われているので内緒です。さしあたっては、この店でいい仕事をしていきたいです。

ゴッツィーニ書店

Libreria Gozzini

1
2
3
4
5
6
7
8
9
10
11
12
13
14
15
16
17
18
19
20
21
22
23
24
25
26
27
28
29
30
31
32
33
35
36
37
Mostre
Cataloghi

歴史遺産の多さや伝統に磨かれた文化、そして細い間口から奥へ延びる店舗空間のつくりも、どこか京都を思わせるフレンツェ。ここに、オレステ・ゴッツィーニ氏が書店を開いたのは1850年だ。

世界中の観光客が集まる町の中心、ドゥオモから、長くまっすぐ伸びるリカゾーリ通り。壁に表示された番地をたどっていくと、赤い数字と黒い数字が混在しているのに気付く。初めて来る人は、イタリア人でも道に迷いかねない。ゴッツィーニ書店の番地は、「49」と「103r」のふたつ。「r」はロッソ、つまり赤い数字で、商業施設だけにあてられた番号だ。これはイタリアでもフレンツェ独特の習慣らしい。

創業者は、現在の店を経営する父子の父にとって母方の曾祖父にあたる。最初の店はドゥオモ広場にあり、その後も何度かフィレンツェ市内で移転したのち、1928年にはリカゾーリ通り28番地で、1959年からは今の場所で営業を続けている。1930年までは本のオークション会場も併設していた。

ゴッツィーニ書店は法律と経済の書籍が充実していることでも知られ、店の一部屋が充てられている。カタログも一般書籍とは分けて、法律・経済の専門書のみを発行。過去の顧客リストには、イタリア共和国大統領のエイナウディ、哲学者クローチェ、作家パピーニらが名を連ね、今も社会科学系の研究者や大学から大きな信頼を得ている。

お得意さんはそのほか、公共の図書館や収集家だ。イタリア語には、「ビブリオフィリ（bibliofili／古書マニア）」と、さらに特殊な本を探し求める人を指す「ビブリオマネ（bibliomane／蔵書マニア）」といった言葉があり、古書商の間でコレクターの分類に使われている。

店は、ミケランジェロ作のダヴィデ像が展示されているアカデミア美術館の裏にあるため、ショーウインドウに並ぶ銅版画に惹かれた観光客も店のベルを鳴らす。そして、時間が止まったかのような店内の風景に、ため息をもらす。

希少書ばかりではなく、10ユーロから古書をそろえているのが、ゴッツィーニ書店の魅力だ。自分だけの宝物を求めて、店にはフィレンツェ在住の人だけではなく、イタリア全国、そして海外のリピーターもやってくる。たまにしか店に来られない人のためにも、店が最も大切にしているのは、伝統的な店のシンプルな美しさだ。棚に並ぶ本は入れ替わっても、お客さんが思い描いている通り、同じ店構えを保ち続ける。

希少書はイタリアの豊かな文化遺産の重要な要素であり、歴史都市フィレンツェに残る古書店も、フィレンツェのみならずイタリアの歴史の一部といえる。でも国や市からの援助はない。近年はフィレンツェにあった古書店の多くが廃業するか、通信販売のみに切り替えた。ゴッツィーニ書店の店主は代々、古書の価値を守るためのイタリア古書商協会（ALAI）の活動に積極的にかかわっている。また90年代には率先して情報のデジタル化やインターネットの利用を始め、今ではカタログやホームページを通じての通信販売が売り上げ全体の半分を占める。

6代目にあたる息子のエドアルドさんは、「本に囲まれて育ったので自然に本が好きになり」、フィレンツェ大学で文学を専攻している。店を継ぐのかと尋ねると、祖父も父も、なんでそんなことを聞くのか、という顔で「そうでしょう」と口をそろえた。

面積=500㎡／規模=10万冊／創業=1850年
分野=古書、希少書（芸術、歴史、文学、科学、法律、経済）
業態=書店+ネット販売

共同オーナー・店長 フランチェスコ・ケッリーニ

店内には椅子がたくさん置いてあります。子どもの頃は、学校帰りに店に遊びに来ると、腰かけて本を読んだり、おしゃべりをしたりする常連さんがたくさんいました。でも今は長居をするお客さんはほとんどいません。だから椅子も空っぽ。生活のリズムが忙しくなってしまったんですね。

本屋の家系に生まれたので、この仕事に就くのは私にとって、ごくあたりまえのことでした。父から店を継いだとはいえ、コンピュータを使った分類やネットの活用など、新しいことも導入していますから、抵抗なく自分の仕事として受け入れてきました。

この道60年の父から学んだことといえば、「本の見方」です。図書学的な研究の方法、また本の装丁や状態をどう判断するか。とはいえこうした能力を高めるには、できるだけ多くの本に触れていくしかありません。古書店の書店員にとって最も大切なのは、仕事の正確さを心がけつつ、経験を積んでいくことだと思います。

紙の本はこれからも生き続けるでしょう。本はタイポグラフィーや印刷の個性も魅力。昔の本は、ミニアチュール（章の最初の一文字を印刷せずに開けてあるスペースに、鉛丹で描かれた飾り文字）などの楽しみもありますし、何世紀も前の持ち主の書き込みを見るのも興味深い。文章を読むだけでなく、実際に手に取って、触ることも喜びのうちです。そして、書店が美しければ、なおさら本に触れる喜びも大きいはずです。

Francesco Chellini
1953年生まれ。20歳のときからこの店で働くゴッツィーニ書店の5代目店長。フレンツェ大学法学部卒業。専門を生かして、法律関係の本のストックを充実させ、店の売りのひとつとするまでにいたった。2000〜2004年イタリア古書商協会(ALAI)会長を務めた。

この店の一冊（by Francesco Chellini）
"Le Historie Florentine" Bruni
「フィレンツェの歴史を書いた大作。1492年、コロンブスがアメリカ大陸に到達した年に出版された、今うちの店にある中で一番古い本です。販売価格は1万ユーロ。実際にページを繰ってご覧になれます。紙の質が良ければ、500年あまりたっても十分に保存されているのが、古書のすばらしさですね」

Libreria Gozzini

Via Ricasoli, 49-103r, Firenze, Italy
Tel: +39 055 21 24 33
Fax: +39 055 21 11 05
www.gozzini.it
info@gozzini.it
月 15:00~19:30
火~金 9:00~12:30/15:00~19:30
土 15:00~19:30
日休

共同オーナー・店長 ピエトロ・ケッリーニ Pietro Chellini

私は1926年生まれ。高校を卒業し、戦後間もなくからこの店で働いています。この間、本質的に変わったことはなにもありません。本を仕入れ、売る。それだけです。

戦後の貧困が続いた50年代には、生活の苦しさから家庭の蔵書を売る人たちが多く、たくさんの本を仕入れました。その頃に私の父が買い入れた本は、今も書庫のあちこちに残っています。本の場所を動かしたりはしません。店では、中庭を囲む2階建ての建物にある23の部屋と、地下室をすべて倉庫として使っています。すべての本は、昔からのシステムで、カードで検索できるようになっています。カードの一番上には、たとえば「バスルームの6番」とか、どの部屋のどの棚に置いてあるかが記してあり、私たちにとっては一目瞭然です。

ここ数年、経済危機の影響で、売り上げは大きな打撃を受けました。でもこれは本の世界に限ったことではありません。また、昔の本がデジタル化される動きも進んでいますが、これは商売敵ではありません。逆に、こうした本をオンラインで見て、「実物を手に入れたい」と思う買い手もいますから。

本を取り巻く状況は変わり続けていますが、本は人間にとって常に興味深いものですから、本を買う人がいなくなるということはないでしょう。イタリアには、価値のある古書が今もたくさんあり、これは私たちイタリア人が先祖から受け継いできた大切な文化的財産です。うちの店は、それを守るためにあるのです。

ゴネッリ古書店

Libreria Antiquaria Gonnelli

ドゥオモにほど近い16世紀の建物にある美しい古書店。希少書や、19〜20世紀の絵画のオークションハウスを併設しているほか、本に関する専門書の出版も手掛けている。

1863年にはすでに出版社として、現住所のリカゾーリ通り6番地で営業していた記録がある。店の創業は1875年で、当時は古書と新刊書を扱っていた。創業者のルイジ・ゴネッリ氏は、今の4代目店長マルコさんの母方の曾祖父にあたる。店は、今も創業時と同じ場所にある。
1971年に2代目が他界すると、3代目が店を継いだが、2000年に急死。マルコさん30歳のときだった。ちょうどその頃から、古書を取り巻く状況は、さまざまなレベルで変化していた。
伝統的に優れた本の仕入れを図書館に情報として伝えることが重要な任務だったが、上得意だったイタリア内外の公共図書館が軒並み予算を縮小していた。また個人の顧客も世代交代が進まず、若い世代は資金がないばかりでなく古書に興味を持たない。本の収集家が亡くなった場合、親族がコレクションを引き継いでも、屋根裏部屋や地下室に入れたままにしてしまえば、希少書がダメージを受ける。店では、上顧客に不幸があった場合までも見据えて、信頼関係を築くよう努めている。
顧客が減っていく状況を食い止めるため、マルコさんは就任後すぐに、海外も対象に、インターネットでの販売を始めた。ホームページは英語版も作った。
カタログは年2回発行する。7,000部印刷し、うち6,000部は海外に発送する。店内の専用スタジオで撮影するカラー写真入りで、充実の内容だ。ネット上では値段がついて取引されているのが、むしろ、自慢の種だ。
新刊書店と違い、仕入れと在庫管理は、図書館のように手間をかけて行う。さらにユニークなのが、店伝統の陳列のシステム。ジャンルも著者名も無視して、本の形や大きさにより並べる棚を決めている。客は店員に話をして興味のある本を見せてもらう、という昔ながらの個人商店の方式だ。ベルを鳴らせば誰でも入れる店なので、「ミケランジェロの原画はありますか」と真顔で聞いてくる観光客もいるし、図書館だと勘違いする人もいる。ユニークな陳列方法は、そんな中で、文化財としての本を守るための手段であり、美しい書棚を保つ秘訣でもある。
経済危機の打撃で、売り上げは落ち込んだ。4代目店長のマルコさんは新たな売り込み方を日々模索している。希少書は、今の時代だからこそ、投資の対象としても有望と考えている。不動産に比べて、税金も、維持のための工事費用もかからず、長期的に見ればほぼ必ず値上がりする。こうした側面を、これから広くアピールしていきたいという。
イタリアでは、フィレンツェ、ベネチア、ローマの3都市を中心に、ルネッサンスの頃から数多くの本が印刷された。これらの希少書は今もかなりの数が残されている。古書店の役割は、文化財である本について正確な情報を管理し、最善の状態で保存し、必要な修繕をほどこし、適切な方法で流通させ、未来の世代に受け継いでいくことにほかならない。

面積=350㎡／規模=1万冊／創業=1875年
分野=古書、希少書
業態=書店+ネット販売+古美術店+出版社+オークションハウス

オーナー・店長 マルコ・マネッティ

この店の2代目の娘だった母は、フィレンツェの国立図書館で働いていて父と出会い、職場結婚しました。まさに映画みたいな出会いですよね。私は本の星の下に生まれたというわけです。
そんな父に跡を継げと言われたこともないし、私も、父の生前はそのつもりはありませんでした。でも、父が急死すると、曾祖父から祖父へ、父へと受け継がれてきた店に、突然言い尽くせない愛情を感じるようになり、継ぐことを決めました。
だから、父から仕事について直接学んだノウハウは何もありません。でも呼吸をするように、本への愛着が身についていたのでしょう。この仕事は日々勉強ですが、苦にはなりません。ガリレオやダンテの著書など、まさに人類の知恵を象徴する本に日々囲まれ、それを売るのは、ほかの商売には比べ物にならない高貴な仕事です。
娘が2人いますが、上の子がまだ6歳なので店を継ぐかどうかはわかりません。長女にはアジアという名をつけました。21世紀はアジア、とくに中国の時代です。中国が文化的にオープンになり、西洋の本も扱う大型図書館ができて、本をたくさん買ってくれるかもしれません。本を通して文化交流ができたら最高の相互理解につながりますよね。
3年前、40歳のときには、ある朝目覚めてふとアイデアがわき、店が60年代から停止していたオークションハウスの活動を再開しました。忙しくなりましたが、店に活気がよみがえった実感があります。これからも生き残りのため、さまざまな挑戦をしていきます。

Marco Manetti
1969年フィレンツェ生まれ。子ども部屋にも本の在庫が積んであり、親たちはいつも本の話をしているという環境で育つ。ボローニャ大学で社会学を専攻。卒業後は地方公務員として働いていたが、2000年、先代の死を受けて店長になる。

この店の一冊（by Marco Manetti）

“La Divina Commedia: nuovamente illustrata da artisti italiani a cura di Vittorio Alinari” Dante

「1902年出版のイラスト入りのダンテの『神曲』。2,000ユーロ。出版社のアッリナーリが、イタリア文化の最高傑作を祝福すべく、当時の画家たちに呼びかけて、想像力あふれた挿画を集めて作り上げた本です。地獄をアールデコ調に描いた作品など、20世紀の初頭に見られたさまざまな芸術様式が興味深いです」

Libreria Antiquaria Gonnelli
Via Ricasoli, 6 50122 Firenze, Italy
Tel: +39 055 216835
Fax: +39 055 2396812
http://www.gonnelli.it/
info@gonnelli.it
火～土 9:00～13:00／15:30～19:00
月・日休（6月～9月は月営業、土・日休）

店員 アレッサンドロ・ドゥラッツィ Alessandro Durazzi

1963年フィレンツェ郊外エレッツォ生まれ。
27年前からこの店で働いています。それまでは電気工の資格を取って、いろんな肉体労働をしていたのですが、どうしてもこの仕事に興味がありました。店に来て働きたいと言ったら、先代の店長に気に入られて、試用期間を経て採用されました。熱意が買われたのでしょう。
この仕事では、大学でも学べないようなことが、毎日学べます。科学、文学、宗教など、本のテーマは幅広いですから。そして大切なのは記憶力。新たな在庫が加わるたびに、出版社、装丁や印刷などの特徴を頭に入れます。これを長い間続けていると、本を少しめくってみただけで、直感的に本についていろんなことがわかるようになります。
この店は、お客さんに自由に見てもらう方式ではありません。だから、「こんな本を探している」と言われたら、頭の中の情報とコンピュータの両方を使って、的確に本を見つけてあげるのが、店員の重要な仕事です。外国人のお客さんも来ますから、英語やフランス語でも対応します。最近は、本を奥の部屋から取ってこようとすると、「時間がないから」と待ってくれないお客さんが増えているのが悩みの種です。
世の中、早すぎるスピードで変わり続けています。でも、過去と現在の文明を探求する精神は永遠です。そして本は文化そのもの。書店員としての私の仕事を通じて、文化を世界に広めることを、今後も続けていきたいです。

ラ・シテ・リブレリア・カフェ

La Cité Libreria Cafè

若い男女6人が集って始めた手作りの書店は、「書かれた言葉と、音楽や映像をはじめとする現代のさまざまな表現が融合する場」がコンセプト。

本格的なバーがあり、毎晩コンサートや上映会などのイベントを主催しているが、活動の中心はあくまでも書店だ。
店が実現できたのは、イタリア中部の海岸の町リミニにある本の取次会社、NdAの支援のおかげだ。中小の出版社の本を扱うNdAは、こうした本を売る独立系書店の設立を応援するため、開店資金と本の在庫を無償で貸す制度を実施している。店舗面積の70パーセントが本の売り場なら対象となる。これを利用して、「カフェのある本屋さんを開く」という夢をかなえる人が、イタリア全国でじわじわと増えている。
ラ・シテの共同経営者たちは、地方公務員として文化振興などの仕事をしていた。その経験を生かして、社会に対する問題意識にもとづく書店を開いた。工場の廃品を使い、9カ月かけて、手作りで内装を仕上げた。木と鉄と布を主な素材にしたのは、遊牧民のテントがイメージ。定住を拒否し、世界中を放浪するボヘミアン精神が、店の根底に流れる。イベントのテーマは、アフリカ、ブラジル、アルゼンチン、フランス、スペインなど、国際色豊か。またフィレンツェ在住の外国人のためのイタリア語教室も開いている。
フランス語で都市を意味する「ラ・シテ」という名前は、開店準備期間に政治問題になっていたパリ郊外の暴動に由来している。広く社会に訴えるような活動をしていくために、さまざまなジャンルを複合的に扱える書店という形態は理想的だった。劇場などとは違い、朝から晩まで一日中開かれた空間を実現できる。
フィレンツェは伝統的にリベラルな気風があり、オルタナティブな書店のオープンは熱狂的に歓迎された。毎晩、イベントの際には店の前の道にまで人があふれる。お客さんは、地元フィレンツェの人に加えて、旅行者でもアートや音楽に興味がある人たちだ。
店内のバーもただの収入源ではなく、イタリア文化を伝える場として運営している。たとえば、スタッフはみな英語が得意だが、外国人の旅行客であっても、「ヴィーノ・ロッソ（赤ワイン）」くらいは英語ではなくイタリア語で注文するよう促す。また午後7時にグラッパを注文する客がいたら、「グラッパは食後酒なので、アペリティフには別の飲み物を」と勧める。コンサートの演奏中は、雑音を避けるため、バーの営業は停止する。
ラ・シテは、フレンツェらしい本屋さんですか、と質問を投げかけると、この日店に集った女性経営者3人のうち、サラはそうだと答え、ほかの2人はただちに強く反対する。しばらく3人は真剣に持論を展開したあとで、顔を見合わせて、「私たちいつもこうなのよね。でもこうやって議論し合うことで、いろいろなアイデアがつきない」と楽しげだ。
近い将来、ソファと本をトラックに積んで世界の劇場や公園などを回り、「読書サロン」を店の外でも実現する旅をしてみたい。その夢では、みんなが一致している。
共同経営者の6人には、開店以来、合わせて9人の子どもが生まれた。「生まれるのは男の子ばかり。女が強いから」とエルヴィラがウインクした。

面積=150㎡／規模=8,000冊／創業=2007年
分野=中小出版社の本（芸術、文学、時事、政治、歴史、哲学、児童、アンダーグラウンド・カルチャー）
業態=書店+カフェ・バー+イベント会場

共同オーナー・店長 サラ・カッサイ（写真・左）

小さなスペースですから本の数は多くありませんが、お客さんたちは偶然の出会いを求めてやってきます。とくに、哲学のコーナーは現代哲学の傑作をそろえていてリピーターの信頼を得ています。専門誌とのコラボで、哲学イベントもやります。また、フレンツェの若手作家も応援していて、音楽やビデオと組み合わせて、彼らの本を紹介するイベントを開きます。フィレンツェは、文化都市としての伝統があるからこうした本屋さんが受け入れられた。地元のアーティストやミュージシャン、作家たちのショーウインドウのような役割も果たしています。これからはトラックに乗って、ヨーロッパの他の国やアフリカ、南米にも出かけ、店の活動を広めていきたいです。

Sara Cassai
1978年フィレンツェ生まれ。シエナ大学で人類学を専攻。フィレンツェの地域振興の一環で、廃屋を使って公共のアートセンターを開くプロジェクトなどを担当していた。

共同オーナー・店長 エルヴィラ・バロッコ（写真・中）

この店はとてもヨーロッパ的。パリやベルリンやバルセロナでこういう店に行ったことがある、という声をよく聞きます。このインターナショナルな雰囲気がうちの店の魅力です。フィレンツェでは次々と書店が消えています。ここはドゥオモから川を挟んで南側にあり、比較的静かな地区ですが、店を中心に文化を発信するような空気が育っていけばと思います。
うちの店に置いてある本は、もちろん売り物ですが、店で読むことも禁止どころか推奨しています。今の子たちは、ネットや携帯のために発明された略語で会話することに慣れ切っていて、ペンを持つこともほとんどありません。きちんとしたイタリア語を読み書きする大切さを伝えることも、店の役割です。

Elvira Barrocco
1976年サルディニア島生まれ。フィレンツェ大学で社会科学を学ぶ。絵画の額縁を作る仕事を4年間経験した。

この店の一冊（by Sara Cassai, Elvira Barrocco, & Natalia Bavar）
"Genova 2001: i volti del movimento"
「2001年ジェノヴァで、少年カルロ・ジュリアーニが警察の車にひかれて死ぬ事件がありました。これにプロテストする運動を、写真と文章で記録した本です。仮装デモや、グラフィティなど、アートの要素も取り入れた政治運動がイタリアで盛んになるきっかけとなりました。私たちの店にとって、深く共感できるテーマです」

La Cité Libreria Cafè
Borgo San Ferdiano, 20r
50124 Firenze, Italy
Tel: +39 055 210 387
http://www.lacitelibreria.info
citelibri@gmail.com
10:00〜深夜0:00／無休

共同オーナー・店長 ナタリア・バヴァール（写真・右）

ここはフィレンツェという都市の中にある独立した"都市（シテ）"。入場料も、飲み物を頼む必要すらもなく、誰もが受け入れられる場所。毎日ここで勉強をしている高校生もいて、図書館のようでもあります。毎日違う音楽やパフォーマンスが楽しめて、お客さんとは商売を超えた人間的な関係を築くことを大切にしています。本を売るだけでやっていくのは経済的に難しい時代なので、ほかの活動と組み合わせ、バーの収入を生かすのは生き残るための知恵です。私たちの世代は、携帯やネットが出現する以前の時代を知っている最後の世代。うちの本屋には、じっくり時間をかけて本を読むという文化を、未来につなげていく責任があります。

Natalia Bavar
1974年フィレンツェ生まれ。父はイラン人。フィレンツェとバルセロナで現代文学と人類学、写真を学んだのち、フィレンツェ在住の外国人に関する本を市の資金で出版した。

Tsutaya Books
Daikanyama

Shibuya
Publishing &
Booksellers

Books
Kinokuniya
Sapporo

Coach
Sa
Sh

東京
Tokyo

札幌
Sapporo

京都
Kyoto

松江
Matsue

Four
ro
wa

Keibunsha
Ichijo-ji

Gake Shobo

Artos
Book Store

ソトコト
WINTER

代官山 蔦屋書店

Tsutaya Books Daikanyama

Reserved

STARBUCKS
トイレ
料理
COOKING
旅

旧山手通り沿い、緑豊かな公園のような敷地に展開する代官山T-SITE。その中心となる3棟の白い建物は、全国に約1,500店を構えるTSUTAYAが満を持して実現した書店だ。

TSUTAYAの第一号店として、大阪府枚方市の蔦屋書店がオープンしたのが1983年。雑誌がけん引する新しい消費文化が花開いた時代だった。それを築いたのは、社会人10年目を迎え、高い収入と社会的地位を得た団塊の世代だった。

ほぼ30年を経て今は定年を迎えた彼らを含め、50代以上の人たちを「プレミアエイジ」と呼んで主なターゲットにしているのが、2011年にオープンした代官山 蔦屋書店。大人ならではの時間を楽しむライフスタイルを提案する。ロケーションに選ばれたのは、東京の中心でありながら、緑豊かで人気のある代官山。大使館があるため外国人も多く、雑誌編集者、経営者、作家、クリエーターなど、オピニオンリーダーたちが暮らす土地だ。

店は、3棟にある6つの専門書店と「マガジンストリート」から構成される。1号館は「人文・文学」。2号館は「アート」「建築」「クルマ」。3号館は「料理」「旅」。その3棟を、内外の雑誌がそろう「マガジンストリート」が天の川のように貫き、さらに各棟の2階には映画フロア、ラウンジ、音楽フロアがある。

蔦屋書店には、「コンシェルジュ」と呼ばれる専門スタッフがいる。知識があり、商品について語ることができ、しかも常に店の最前線に立って接客する。約30人のコンシェルジュには、専門知識のある社員やひとつのジャンルに関するプロを他業界からも集結した。たとえば仙台でジャズカフェを経営していたジャズプロモーターが、音楽の中でも「ジャズ」に特化してコンシェルジュを務める。車の書籍専門店の元オーナーが「車」を担当。海外取材の経験も豊富な元旅行ライターが、「旅行」を受け持つ。

それぞれのジャンルは、コンシェルジュが定番を中心に絞り込んでセレクト。国内外から、新刊とビンテージの雑誌・本を集める。「マガジンストリート」は、日本全国で発行されている3万タイトルの雑誌に、通常流通している3,000タイトルの外国の雑誌、そしてリトルプレスまでもそろえる。

ラウンジ「Anjin」は、昼間はコーヒーを、夜はワインを飲みつつ、本を持ち込んで読める。ここではイタリアの名門建築誌「ドムス」や、惜しまれつつ廃刊した「日本版エスクァイア」など、内外の一流雑誌が3万冊そろい、これも閲覧できる。

このほか、オンデマンドDVDサービスが注目される「ない映画がない」映画コーナー。音楽ジャンルごとに小部屋の空間を実現した音楽コーナー。旅行書を見ながらフライトが予約できるトラベルカウンターがある。

TSUTAYAを経営するのは、カルチュア・コンビニエンス・クラブ株式会社(以下CCC)。その創業者でCEOの増田宗昭氏は、祖父が芸者置屋を経営していて、その屋号が「蔦屋」だったことにちなんで、書店事業に命名した。

蔦屋書店は、本の楽しみを堪能できる大人の遊び場としての本屋さんの可能性を追求する。

面積=3,600㎡／規模=14万冊／創業=2011年
分野=人文・文学、アート・デザイン、建築、クルマ・バイク、料理、旅行、雑誌
業態=書店(和書、洋書、ビンテージブック、雑誌、リトルプレス)+ネット販売+音楽、映画の販売&レンタル+文具+トラベルカウンター+カフェ+ラウンジ

館長 鎌田崇裕

TSUTAYAを経営するCCCは、企画会社です。そして、知的好奇心の高い人に「生活提案」をするという企画を形にしたのが、蔦屋書店。ここは理想を実現した本屋です。

家、オフィスに続く「サードプレイス」(第三の場所)となる店です。だから、「おうち感覚」を打ち出し、ひとつひとつの空間は小さく作り、椅子やソファを配しました。そして、店のコンセプトは「プレミアエイジの書棚」。たとえば旅行コーナーでも、イギリスのガイドブックのそばに、文化に関する本が置いてあります。こういう店づくりをすると、上質なお客さんが来てくれて、店内の風景はますます素敵になります。

ラウンジは、イベントスペースとしても活用しています。オノヨーコさんがサイン会で来てくださって、彼女が1960年代に出した本『Grapefruit』の初版が店にあったのを見せたら、気軽にサインしてくれました。でもすぐにご本人が買われていったので、複雑な気持ちでしたけど。

今後も、編集者や作家、ミュージシャンなどのクリエーターに、どんどんお越しいただき、ソーシャルネットワークをリアルに展開するような、集いの場所、派生する場所に育てたいと思います。

高度経済成長を支えてきた50代、60代の大人たちは、若者よりパワーがある。ネットを使いこなしつつ、本や雑誌から情報を得る技術も持っている人たちです。こうした方々に心地よい時間を過ごしてもらえる場を提供できたら、社会貢献にもつながると信じています。

Takahiro Kamata
1969年神奈川県生まれ。大学を卒業後、建材メーカーに就職。1999年、CCCに入社。フラッグシップ店舗SHIBUYA TSUTAYA店長などを経て、10数店の新店プロジェクトに携わる。2011年に代官山のプロジェクトに参加。代官山 蔦屋書店と代官山T-SITE GARDENを合わせ、館長を務める。

この店の一冊(by Takahiro Kamata)

"アンアン創刊号" マガジンハウス

「ひとつの時代を作った雑誌。昭和45年創刊。自分とほぼ同い年です。ラウンジで閲覧もできるし、売り物もあります。従来の古本屋はオタクの世界になりがちでしたが、この店ではビンテージも僕らのセンスで選びます」

代官山 蔦屋書店
東京都渋谷区猿楽町17-5
Tel: 03-3770-2525
http://tsite.jp/daikanyama/
1F 7:00〜深夜2:00／2F 9:00〜深夜2:00／無休

店員（雑誌コンシェルジュ）谷口貴美代 Kimiyo Taniguchi
1970年福岡市生まれ、東京育ち。80年代、池袋リブロのアート本コーナーに入り浸って育ちました。人が集まる場所が好きだったので、新卒で百貨店に入り、その後、渋谷のCDショップの書籍売り場に転職。2000年頃、日本独自のネット書店を立ち上げるプロジェクトにかかわりましたが、「人が集まるリアルな場で仕事したい」「本にかかわる仕事を続けたい」と改めて思うようになりました。
2003年、TSUTAYA TOKYO ROPPONGIの立ち上げに参加。「生活提案」をコンセプトにし、日本初の購入前の本が読めるブックカフェを備えるなど、かなりの冒険ができました。ただし優秀なシステムはできても優秀な書店員を集めることに課題は残りました。そこを改革したのが代官山です。本を媒介にして書店員がライフスタイルを提案する場づくりを、初めて満足できる形で実現できました。
私は雑誌のコンシェルジュ。限られたスペースの中でいいものをそろえるのは大変です。表紙には力があるので、できるだけ面を見せるディスプレーにしています。開店のパーティーにいらした雑誌編集者など、作り手にも喜んでいただけているようです。
うちは本だけでなく音楽や映画も扱いますが、この3つの中で、多くの人が人生の最後まで楽しみ続けるのは本ですよね。だから、本屋さんは永遠です。今後はもっとお客様とじっくり話がしたいし、イベントにも力を入れていきたいです。

シブヤパブリッシング
アンドブックセラーズ

Shibuya Publishing & Booksellers

四角い店の奥に、ガラス窓があり、その向こうは編集室になっている。奥でそばを打ち、店頭で供するそば屋さんと同じつくり。「作ってそこで売る」形態を理念とする出版社兼書店が、この店だ。

渋谷の喧騒を離れた静かな通り。店の奥の編集室で作るオリジナルの本や雑誌を店頭に並べる。実際には他の出版社の本が圧倒的に多いが、そのセレクトは、SPBSならではの方針に従って「編集」されている。
2008年のオープン当時、店内の書棚は、年代別に構成されていた。1940年代から10年刻みに、その時代の出来事、流行などが、棚を見るだけでわかるような構成。書棚は、7つの年代ごとにふさわしいデザインを建築家に発注した。出版年ではなく内容で分類し、日本の本も、洋書も、新刊書も古書も、ジャンルを問わずに置いた。たとえば60年代ならカウンターカルチャーやロック。80年代なら「バブリー」な価値観の本。棚づくりによって情報を発信する本屋というアイデアは物珍しさから話題を呼び、遠くから足を運ぶお客さんも多かった。ここで、SPBSのブランドは確立された。
しかし、年代別の構成は、手間がかかるうえ、だんだんネタが尽きて、クオリティーを維持することが難しくなった。しかも、リーマンショックの長引く影響と2年目に突入して新鮮さを失ったからか、2009年には売り上げが伸び悩む。「棚を眺めるのが楽しい」ことも重要だが、書店であるからには、図書館やギャラリーとは違い、買う楽しみも提供したい。そこで2010年からは、雑誌や小説などの読み物を増やし、普通の本屋さんに求められる機能を充実させ、「欲しい本に出会える」構成に模様替えした。その結果、「何か面白いマンガ」「きれいな写真集」など、漠然とした期待を抱いて本を探す人たちが店にやってくるようになり、客層が広がった。専門書店にはない、一般書店としての親しみやすさを重視しつつ、品ぞろえには、編集的な視点を入れている。たとえばある作家の小説が好きなら、このマンガやこの写真集も好きだろう、というふうに、ジャンルをまたいで価値観や感性を追求し、その延長として雑貨も置く。
書棚の区分けは、ノンフィクション、文学、エンターテインメント、コミック、アート・写真・ファッション、デザイン・建築、ライフスタイルの7分野。新刊・古書、和書・洋書を問わず置いている。
客層は、渋谷で活動するクリエイター、写真家、エディター、NHK関係者など仕事のアイデアや資料を探す人たちに加え、近隣の高級住宅地に住む富裕層の年輩の人たち。土日には、都内のあちこちから、自分で楽しむための本を求めて多くの人が訪れる。9割くらいがリピーターだ。
実店舗を刺激的なものにする試みとして、店内では、平日の夜8時から、トークイベントを行う。イベントは店を閉め、有料で開催。お金を払う価値のあるイベントをやって、単体でもビジネスとして成り立つようにしながら、本のプロモーションにもつなげる。また雑誌の元編集長を招いて、グループで実際に雑誌を編集するワークショップを毎週末に半年間開催するなど、長期的なイベントも実施している。
マンガも現代思想も買える店。ひとつのジャンルにこだわらず、なおかつ一貫した感性を感じさせる。洗練された大人の町に生まれ変わりつつある渋谷のけん引力にもなっている書店だ。

面積=240㎡(うち書店スペース70㎡)/規模=3,000冊/創業=2008年
分野=ノンフィクション、文学、エンターテインメント、コミック、アート・写真・ファッション、デザイン・建築、ライフスタイル、SHIBUYA PUBLISHING刊行のオリジナルブック・オリジナルマガジン
業態=書店+ネット販売+多目的「書斎」スペース+出版

Share the Book
50 HOURS
Share the Book
COURRIER
Today's Pick Up
RETHINK
HOKUSAI MANGA
A Coloring Book
Andy Warhol
BABY BABY

文庫50選
BRUTUS

HANATSUBAKI and NAKAJO
世界イラスト旅行鞄
246
Burdock
鹿児島は素晴らしい!
東京職人

飛行艇時代
ゼロ年代日本映画100
映像+
STUDIO VOICE
snoozer
SWITCH
splash!

Nonfiction
春宵十話
芸術人類学
アースダイバー
繁栄
ポストモダニズム
McLuhan

Literature
本

代表·CEO 福井盛太

ニューヨークで暮らしていた頃、本屋めぐりをしました。ニューヨークには夜遅くまで開いていて、イベントも行う個人経営の活気ある店がたくさんあります。東京も都会なのに、なぜこういう本屋がないんだろうと思っていました。

帰国後、知人であるホリエモンと会う機会がありました。ちょうど彼が実刑判決を受けた夜だったのですが、突然、「夢はないんですか」と聞かれ、ふと本屋の話をしたら「それやった方がいいよ」と背中を押されたのです。僕は自分の人生を面白がるタイプなので、「こんなきっかけもいい」と決意しました。

スポーツチームと同じで、本屋を支えるのは地元の人たちです。月に2、3回は足を運んでくるお客さんが一定数いないと経営は成り立たない。「俺らは渋谷の書店だ。FC渋谷だ」というつもりでやっています。名前にSHIBUYAと付けたのもそのためです。

プロの視点も必要かと、幅允孝さんの協力を仰ぎました。当初、彼の企画は、「旅」や「食」を切り口にするというものでした。ただ僕は「本屋好きしか来ない店」にはしたくなかったので、年代別の棚の編集を提案したんです。

本屋は、あらゆる情報価値をやり取りするインターフェイス。イベント、スクール、出版といった、書店だからこそ担えるさまざまな機能を果たし、それによってブランド価値を高めることができます。形にとらわれなければ、本屋さんには未来があります。この店をやっているのも、新しい本屋像を作ることが目的なのです。

Seita Fukui
1967年愛知県生まれ。早稲田大学社会科学部卒。ビジネス誌『プレジデント』の編集者を経て、妻がコロンビア大学に留学するのを機に退職、ニューヨークで暮らす。フリーの編集者を経て、2008年1月、書店兼出版社のSHIBUYA PUBLISHING & BOOKSELLERS(SPBS)を設立

この店の一冊(by Shuhei Mita)

"風の谷のナウシカ"(ワイド版 7巻セット) 宮崎 駿

「誰もが知っている名作ですが、アニメは見たことあるけど原作は知らない、という人が多いです。自然と人間のありかたというテーマで、今読むと新鮮な作品です。うちの店では、オープン時からずっと売れています。全7巻入りで2,800円とコストパフォーマンスもいい。特製箱入りなので、ギフトとしてもよく選ばれています」

シブヤパブリッシングアンドブックセラーズ
東京都渋谷区神山町17-3
Tel: 03-5465-0588
Fax: 03-5465-0578
http://www.shibuyabooks.net
contact@shibuyabooks.net
月～土 12:00～深夜0:00
日 12:00～22:00(イベント・ワークショップのため変更あり)
不定休

店長 三田修平 Shuhei Mita

いい本を読みたい気持はあっても、自力で出会うのは難しい。年に7～8万冊本が出版されて、雑誌を入れたら一日200冊あまり。自分の気分が求めているものを探すためには、感性や価値観が統一されている店が便利です。「ここにある本なら私が好きなものに違いない」という信頼感です。そして予期せぬ出会いがあるのは、実店舗ならではです。ドキドキするような刺激的な店づくりで、「いつもいろんなことをやっている本屋」という印象をお客さんに持ってもらうことが、売り上げにつながります。トークイベントでないと良さが伝わらない本もありますし。本はいろいろな内容を扱っているので、コーナーやフェアはいくらでも作れます。
うちの店は、マッチョな思想も、あまり女性的すぎるのも受けません。ヨーロッパ的、北欧的な、ゆるくて中性的なのが好まれる。この辺は、いつも店頭に出て、お客さんとのふれあいから、また友達同士で来ているお客さんたちの会話から、ムードとして感じ取ります。
今は店づくりも雑誌や本づくりも、雰囲気だけで売れる時代ではありません。お客さんのリテラシーが上がったので、良いものだけが売れる。いってみれば健全な時代です。全国どこで買っても同じ商品を、あえて自分の店で買ってもらうことの意味を感じてもらわなくてはなりません。うちの店の空間を楽しんでもらい、何かが買いたいと思ってもらい、そしてここで買った本を楽しんでもらうことを目指しています。
(※2012年2月まで同店長。現在、移動本屋「BOOK TRUCK」を運営している)

紀伊國屋書店 札幌本店

Books Kinokuniya Sapporo

パンダは肉が大好きだった!!
世界予言全書
のりもの つみき
心が鎮まる 荘子の言葉 怒りが消える生き方を知る
ガンディーの言葉
台湾人にはご用心!
どうぶつがすき
おおきな ゆめの ちいさな はじまり
動物行動学者ジェーン・グドールの子ども時代。
アウンサンスーチー
pen BOOKS

コミック
コミック
ライトノベル
紀伊國屋書店札幌本店
8200冊突破
東大京大
3年連続 販売数No.1

芸術書
Steve Jobs

紀伊國屋書店の創業者、田辺茂一は、紀州備長炭を扱う炭屋の跡取りだった。本屋好きが高じて書店を開業した彼は、「書店風景」という概念を大切にしていた。

そんな創業精神を感じさせるのが、札幌本店だ。ガラスのファサードから書棚のデザインまで、空間の広がりを大きくアピールした建築は、シンガポールの建築家ケイ・ニー・タンの設計。紀伊國屋書店のシンガポール店、クアラルンプール店、シドニー店、ドバイ店などを手掛けているが、国内ではこの札幌本店が初めて。レジまわりのガラスのショーケースや、雑誌の面を見せる棚のデザインが個性的だ。スケールの大きさも、無国籍な雰囲気も、札幌の町にふさわしい。

紀伊國屋書店は、1971年に北海道に進出した。北海道第一号店は、当時、札幌の中心街だった大通公園のテレビ塔前。やがて「本屋といえば紀伊國屋」と市民に親しまれるようになる。その後、札幌駅に大型ショッピングモールがオープンし、駅周辺に人が集まるようになったのに合わせて、札幌本店も駅前に移転。それを機に、スタイリッシュな大規模店舗が実現した。

紀伊國屋書店の全国の店舗の中で、売り場面積が新宿本店についで第2位。新宿本店と同様、路面店で、何かのついでではなく、「本を探すために本屋に行くこと」が目的のお客さんがほとんど。30～50代のビジネスマンが、仕事の本や小説を買いに来る姿が目立つ。

一方で、ほかの楽しみにも出会える店を目指している。店頭には、ガラス張りで通りから見える温室のようなイベントスペース「インナー・ガーデン」がある。著者によるトークショー、道内の大学とのコラボによる「サイエンスカフェ」や「メディカルカフェ」と題したカジュアルな市民講座、地元演奏家によるミニコンサートなど、地域密着型のイベントが開かれ、定員は100人ほどで、ほとんどいつも満席になる。2階にはギャラリースペースがあり、地元のアマチュアを含む写真家や手芸作家などの作品が展示されている。これらは、地元の人たちと書店との距離感を縮める試みだ。

店の売り上げは、順調に伸びてきたが、数年前には札幌市内に競合大型店の出店が相次ぎ、一時的に伸び悩んだ。店では、店長をはじめ全スタッフがライバル書店に頻繁に足を運び、研究を重ねた。他店のディスプレーを見て、「自分の店では埋もれているが、並べ方を変えれば売れそうな本」を発掘し、ライバルの良い点を取り入れるためだ。

品ぞろえは、日本で一日平均200点ほど出版される本をほぼすべて置く。店では、正社員20人を含む100人の店員がいて、そのうちジャンルごとの責任者が12人ほど。かつて、紀伊國屋書店では正社員がそれぞれ専門を持っていて、「休みの間に俺の棚に触るな」という職人気質の人もいたそうだが、今ではチームワークで、それぞれのジャンルのディスプレーを決めている。

現代的なガラス建築の中で、店員が手作りした「北海道の雑誌」コーナーの看板が温かみのある雰囲気を醸し出すのも、紀伊國屋らしい「書店風景」への取り組みのひとつだ。

面積=4,300㎡／規模=100万冊／創業=2005年（旧札幌店1971年、会社創業1927年）
分野=全分野（書籍と雑誌）、電子書籍
業態=書店+DVD・CD+雑貨+カフェ+ギャラリー・イベントコーナー+ネット販売

店長 斧田壮介

「ロシア文学をやるなら雪があるところがいい」くらいの気持ちで北大に行きましたが、卒業後、紀伊國屋に入り、海外勤務を経て札幌に戻ってきました。この町は、良質なものがコンパクトにまとまっています。「今日何をしようかな」と思ったとき、一流の音楽ホール、劇場、美術館、映画館、スポーツ施設、そして本屋が、徒歩圏にある。でも、一流の本屋があるおかげで市民の生活の質が上がるというより、むしろその逆。いい本を読んでくれる優れた市民がいる土壌にこそ、優れた本屋が育ち、その関係が好循環を生みます。

店長として、「TPPにもAKBにも興味を持つ」ことを心がけています。自分なりのこだわりは必要ですが、同時に幅広さが大切です。本は多種多様ですし、まったく知らないものを売るわけにはいかないですから。

ネット書店は、ストレスなく買い物ができる仕組みとしてよくできていますね。強力なライバルです。ただ、「なんとなく本が読みたいな」というときに、ネット書店の「おすすめ」は役に立ちません。音楽のCDにも、ジャケットや歌詞カードなどソフトをダウンロードするだけでは得られない価値がありますが、本はそれ以上に、モノとしての価値が大きい。情報の部分はデジタル化できても、所有する価値がある本かどうかを判断するためには、書店で実物を手に取ってみるしかないのです。だから、「モノとしての本」の価値を高める雰囲気づくりこそが、本屋が果たすべき役割だと思います。

Sosuke Onoda
1957年熊谷市生まれ。81年北海道大学文学部ロシア文学科卒業、同年入社。新宿本店文学書売場を振り出しに、シンガポール店・シアトル店・ロサンゼルス店・玉川高島屋店・新宿南店・新宿本店等の店長を経て、2009年から紀伊國屋書店常務取締役・北海道地区総支配人兼札幌本店長。

この店の一冊(by Sosuke Onoda)

"西海道談綺" 松本清張

「この店の一冊というより、私の個人的なお薦めの一冊です。松本清張といえば、社会派ミステリーというイメージが強いですが、歴史物・時代物・伝奇物にも秀作が多く、中でもこの作品は本当に面白く、物語を読むことの醍醐味を堪能させてくれる傑作だと思います。波乱万丈・因果応報のとにかく物凄いストーリー展開で、読み始めたら文庫全4巻、2,300ページを一気に読み終えてしまうこと請け合いです」

紀伊國屋書店 札幌本店
北海道札幌市中央区北五条西5丁目7 Sapporo55
Tel: 011-231-2131
Fax: 011-241-0526
http://www.kinokuniya.co.jp/
pr00@kinokuniya.co.jp
10:00〜21:00／無休

店員(第一課 課長) 平岡彩 Aya Hiraoka

デスクワークが嫌で、本屋さんで働くことを選びました。書店員を20年くらいやっています。意外に力仕事ですし、いろんな仕事をこなさなくてはいけないので、バイトで入ってきた子たちは「こんなに大変だとは思わなかった」と言いますね。

2年前から1階の売り場の責任者を務めています。1階は店の玄関ですから、誇りを持って仕事をしています。私は常にカウンターにいて、40人弱のスタッフの動きを見ています。お客様の質問に答えられなくて困っている部下を助けたり、分野によって新しく入ってくる本の量が違うのでそれを調整したりするのが、私の役割です。

部下のお手本になるような接客を心がけています。コミュニケーションが大切。タイトルも出版社も著者もわからないで本を探しに来るお客様もいらっしゃいますから、たくさん話をして、それをもとに本を一緒に探します。それで見つかると、「ここはいい本屋さんね」とほめてもらえて、とてもうれしいです。少し前までは、こんなとき、年輩のお客様に「さすが天下の紀伊國屋」とよく言われたものです。

1972年生まれ。札幌出身です。定年までここにいられたらありがたいですが、郊外で、全体に目の届くような小さな本屋さんをやってみたいとも思います。パソコンがなかった時代、台帳で在庫を管理していた頃のようなアナログ感を再現し、ご近所さんとの話を楽しめるようなお店。人生の最後まで、本にかかわっていたいですね。

コーチャンフォー
札幌新川通り店
Coach and Four Sapporo Shinkawa

札幌郊外の国道を車で走っていると、突如現れる巨大な建物。日が暮れる頃、宮殿風の外観がライトアップされる。その正体は、道民なら知らない人はいない巨大書店だ。

店に向かうタクシーの運転手さんも、「日曜には小学生の娘を連れてここに来ますね」と話す。

コーチャンフォーは、1997年から北海道で展開している。謎めいた名前の意味は、「四頭立ての馬車」。書籍、文具、音楽、飲食の4つの業種を合体させている。札幌の3店のほか、釧路店、旭川店、そして2011年にオープンした北見店があり、すべて郊外に巨大店舗を構える。

経営は、釧路市に本社のある株式会社リライアブル。会社概要によると、事業内容は、ミスタードーナツやドトールコーヒーショップ、ダスキン事業と多岐にわたる。リライアブル社の書籍事業責任者、藤原泰裕さんによると、「ハリー・ポッター効果か、子どもたちも本をよく読んでいます。本離れという実感はまったくありません」とのこと。

客層を限定せず、「親子3代で気軽に安心して来店できる店」をモットーにしている。北海道は車社会なので、全店舗に巨大な駐車場を設けた。新川通り店には、全天候型500台地下駐車場を含む780台の駐車場がある。土日は家族連れが多く、平日の2倍の売り上げとなる。

広大な敷地を生かし、真っ白な店内に、見渡す限り本が並ぶ風景は圧巻だ。清潔感を重視し、ポップや看板はなし。幅3m、どこまでもまっすぐ伸びる通路の床は、いつもぴかぴかに磨かれている。書棚には番地をつけて、検索機でお客さんが自分で本を探せるようにしている。カウンターの前には、「この一か月に発売された文庫」をずらりと並べた平台がある。またベストセラーのランキングは週ごとに、上位200冊まで現物の本を展示。文庫は出版社ごとではなく作家の名前順に並べ、複数の出版社から出ているものを並列。わかりやすく選びやすいディスプレーを徹底している。

北海道では、ハードカバーの大きい本が好まれる。また、余暇が多く、趣味を楽しむ人が多いのも特色。広大な売り場には、写真集などの大型本も多くそろう。雪が降り始めると、人々の暮らしは室内が中心となり、絵本や実用書の売れ筋もがらりと変わる。また雑学文庫などのジャンルでは、新刊以外の本がよく売れることもある。店では、このようなジャンルの特性に応じて、陳列をこまめに変えている。そして、最も目立つところにあるのが絵本を中心とする児童書コーナーだ。子どもたちにも見えるように、低い平台に表紙を見せてディスプレーしている。最近は、音が出る絵本やポップアップなどの仕掛け絵本が人気だ。

店内には、やはり巨大なCD売り場と文具、雑貨の売り場があり、複数の売り場をはしごするお客さんが多い。疲れたら、カフェやレストランでひと休み。本格的なワインリストもあるレストランでは、毎月テーマを変えて、札幌交響楽団のメンバーによるディナーコンサートを実施している。

テーマパークのような本屋さん。開業前には、地元の人たちは工事現場から現れた不思議な外観を見て、「何ができるのだろう」と噂していたそうだ。今では家族みんなで遊びに行ける場所として、日常にすっかり定着している。

面積=8,580㎡(うち書籍4,125㎡)／規模=100万冊／創業=2007年
分野=総合
業態=書店+文具+音楽+カフェレストラン+カルチャーセンター

男性文芸 ぬ
男性文芸 は
男性文芸 つ
男性文芸 て
男性文芸 な
男性文芸 と

消火器

フィクションランキング
フィクションランキング
フィクションランキング

児童書読み物新刊
福音館絵本

書籍責任者 佐藤秀樹

小売りの基本は、本であれ他のものであれ、同じはず。商品をどこにおけばいいかとか、今何が人気かを考えるとか、「いつ来ても楽しい店」を作っていく努力が必要です。超大型店ならではの圧倒的な商品アイテムから「好きなものを選んでください」という、100パーセントお客様の方を向いた店づくりが自慢です。

ここはワンフロアでは日本一大きい本屋。責任者として、私も店に負けないような大きい人間にならなければいけないと日々努力しています。すべてのお客様を満足させるのが店の目標ですので、面白い店にするために、お客様をよく観察します。お客様の興味は刻々と移り変わっていきますから、季節、天気やメディアの話題を参考に、陳列は毎日変えています。

少子化でも、子ども向けの出版数は増えています。祖父母や親たちが、積極的に子どもに本を買い与えているからです。うちの店は3世代で来るお客さんが多く、「何時にここで再集合しよう」と待ち合わせをして、それぞれ好きな売り場に散っていく姿もよく見かけます。土日の児童書コーナーは、子どもたちであふれかえります。そんな様子を見ているのは本当に楽しく、やりがいと誇りを感じます。

Hideki Sato

1970年南富良野町生まれ。釧路公立大学経済学部卒。在学中にアルバイトで音楽、映画のレンタル部門に入り、大学卒業と同時に入社。2004年、札幌美しが丘店書籍部門責任者になる。2008年春より新川通り店書籍責任者。

この店の一冊(by Hideki Sato)

“100万回生きたねこ” 佐野洋子

「1977年発行、2011年で103刷を達成したロングセラー絵本。うちの店でも常に売れ続けています。絵本は全般に、お母さんが子どもの頃に好きだった絵本を、自分の子どもにも与えるケースが多いですね。昭和30年代に出版されて売れ続けている本や、1000刷以上という本もあります」

コーチャンフォー札幌新川通り店
北海道札幌市北区新川3条18丁目1番1号
Tel: 011-769-4000
Fax: 011-769-4088
http://www.coachandfour.ne.jp
cfs_book@reliable.co.jp
9:00～深夜0:00／無休

Kiki Smith
KIKI SMITH
Le Cœur de Pic
ARTISTES FEMMES
The Tarot Garden
クロード・カーアン
Surreal Friends
GEORGES HUGNET
collages
BALTHUS
Vivian Girls!
カフカの生涯
Max Ernst
SPHINX

恵文社 一乗寺店

Keibunsha Ichijo-ji

せいめいの
れきし

MAY

格子窓に木のベンチ。近くのアトリエで作られた木の書棚が並び、天井灯が下がる店内。懐かしい風情のこの店に行くのは、本好きの親戚の家を訪れるかのような気分だ。

棚を眺めながら店を回ると、子どもの頃や学生の頃に読んだきり忘れていた本に再会できたり、話題の作家の知られざる作品を発見できたり。この店では、新刊書だけではなくすべての本を対象に、店が独自に築き上げた暗黙の基準で徹底的にセレクト。また通常のジャンル分けや50音順といった検索方式ではなく、雑誌を編集するのと同じように書棚を作っている。

「恵文社」の書店は京都市内に3店あるが、運営は独立で、一乗寺店はほかとはまったく違う傾向の店だ。一乗寺店の周りは学生街で、向かいには以前、名画座があった。革新的な文化を尊ぶ土地柄から、日本の書籍流通の常識を覆し、新刊書のお仕着せではなく「書店が選んだ本だけを店に置く」というコンセプトを開店当時から貫いている。しかし当初は、歴代の書店員たちの趣味で本を選んでいたため、店の方向性が定まらず、経営は難航した。2002年、まだ25歳だった堀部店長が就任すると、店の利益は順調に伸び始める。2008年には売り上げが当初の数倍にまで達してピークを迎え、そのまま安定している。

不便な場所にあるので、来店するお客さんはわざわざ足を運ぶ人ばかりだが、客層は幅広い。平日は、近くの京大や京都造形芸術大の学生が、立ち読みに来る。若い家族が散歩に来て、子どもの絵本を選んでいく。年輩の男性が、文学批評を買っていく。ギャラリーでの催しが目当ての人も。そして週末は、遠方から来るお客さんでごったがえし、「せっかくだから」と、観光名所でおみやげを買うように、本を買っていく。

人気の秘訣は、「実用性を重視しない品ぞろえだから」と店長の堀部篤史さんは分析する。本を実用的な情報を得るためのツールとしてではなく、ほかの商品と同じように扱う。併設する雑貨のコーナー「生活館」、ギャラリー「アンフェール」では、利幅の大きい雑貨の収入が得られ、扱う商品と関連するテーマの本の売り上げを伸ばすことにもつながっている。料理本とのかかわりで器の展覧会を開くなど、本に関係した催しで、ふだん本を読まない人も客層に取り込む。

店のウェブサイトでは、中のページも見せ、読み応えのあるレビューをつける。ここで取り上げられた本は、他店やアマゾンでも売れ行きが伸びるほどの注目度。この結果、ネット販売が全体のほぼ3割を占める。これも重要な収入源だ。

「本にまつわるあれこれのセレクトショップ」を掲げるが、堀部さんの本音は、「商品を選ぶのは、小売店としてはあたりまえ」。2011年には、ガケ書房と共催で、小冊子のイベントを開いた。作家20組に直接オファーし、ギャラリーを借りて2週間、小冊子を販売。取次も出版社も編集も、書店と作り手が自分たちでやって、利益が上げられるという実験でもあった。今後はこのように、本の業界のありかたを作り手の立場から問い直すような試みにも力を入れていきたいと考えている。

2008年には、英ガーディアン紙の記事「世界の書店ベスト10」にアジアから唯一登場。「特別なのはこの場所の静かな威厳かもしれない」と評された。

面積=約500㎡／規模(冊数)=把握していない／創業=1976年
分野=総合
業態=書店+雑貨・食品ショップ「生活館」+ギャラリー「アンフェール」

店長 堀部篤史

昔は必読書といわれる本があり、家に全集をそろえる習慣があり、また「少年ジャンプ」が600万部売れた。でも今の本屋は工夫が必要です。私がうちの店について一番誇りに思うのは、努力の積み重ねにより、今では少なくなってしまった“街の一書店”として運営を続けられていることです。

休みの日には街に出て、大型書店によく足を運びます。「この本はいい」と判断できるようになるには、好奇心を持ち、ほかの書店で本を買い、本棚に並べてみる、といったことを続け、経験を重ねるほかありません。出版社や著者がわかれば、その本のだいたいの傾向はつかめる。でも、残り4分の1は、本屋の店頭で実物を手に取らないとわからない。店長には、丁寧に編集された優れた本であるかどうかを理解できる能力が必要で、それは、読書量とはまったく関係のない能力です。

書店経営のプロならアマゾンを出しぬけます。洋書は断然アマゾンが安くても、文化的な人であれば、安い店を求めて駆けずり回ったりはしない。食べ物屋にたとえるなら、安くて量が多い店ではなく、「雰囲気がよくて旬のものを出す店」に行きたいと、私は思います。うちで本を買ってくださるのもそういうお客さんです。

京都は狭い町。こういう店をやっていると、カフェや居酒屋なんかの個性的な個人商店のオーナーたちとのつながりも増えます。うちの店は、京都、とくに左京区の文化的な土壌があるからこそ成立しています。そして、京都の文化を支えているのは、寺社仏閣といった観光名所だけではなく、そのような個人商店なのです。

Atsushi Horibe
1977年生まれ。友人がアルバイトしていたので誘われて96年、恵文社のバイト店員になり、当時から書棚づくりを担当。大学卒業後も就職せずにアルバイトのかけもちを続けていたが、2002年、オーナーに指名を受けて店長に就任。著書に『本を開いて、あの頃へ』(mille books)がある。

この店の一冊(by Atsuhi Horibe)
“図案辞典”野ばら社刊
「実用としてはもうだれも使わないカット集ですが、レトロなイラスト集としてとらえて、乙女のための本棚のコーナーに置いたところ、大変よく売れています。並べ方によって本の文脈を変えることで、本の意味自体を変えると、どんなジャンルの本でも面白く見えてきます。これが、うちの店の手法です」

恵文社 一乗寺店
京都市左京区一乗寺払殿町10
Tel: 075-711-5919
Fax: 075-711-5919
http://www.keibunsha-books.com/
info@keibunsha-books.com
10:00～22:00／1月1日休

店員 能邨陽子 Yoko Nomura

書店員は学生バイトしか経験がなかったのですが、1998年、変わった本屋さんだなと興味がわいて働き始め、すぐに棚ひとつのセレクトをまかされました。今はネットで一発で情報が得られますが、当時はこつこつ調べてノートを作っていました。あの頃、私が考えたゆるい特集のような構成に、言葉は悪いのですが「ひっかかって」本を買ってくれるお客さんがいると、とてもうれしかったものです。

今では、セレクトは店長を含む4人でやっています。うちで人気が出て過去の本が売れ始めたケースがあるため、信頼できる出版社からも、おすすめ情報を送ってもらえるようになりました。楽になったぶん、飢餓感がなくなったかもしれません。昔は暇だけはあったので、店番を仲間にまかせて「ちょっと近所の本屋さんに本を見に行って来るよ」なんていう調子でしたから。

うちは特殊な本屋だと思われがちですが、私は普通の意味でのいい店員でありたいです。商品知識があり、すばやくお客様のために動け、ちゃんと棚を整えるまめな店員。旅先でも本屋さんに行き、タイトル、棚の見せ方などを、客の立場から見て参考にします。店員さんと本の話をするのは楽しいので、うちは接客がそっけないかもしれないと反省しました。これからは接客にもさらに力を入れます。

私は1969年生まれ。ここで働いているとミニコミ誌などに執筆を頼まれることもありますが、私は読むのが一番好き。一生本が読めるように、目を大切にしたいです。

ガケ書房
Gake Shobo

石の外壁から飛び出すクルマが店の目印。通称「ガケ車」の中をのぞくと、地元アーティストが作った小さなマトリョーシカがぎっしりと飾られていて、ここがギャラリースペースであることがわかる。

玄関脇には、「もぐらスペース」と呼ばれる小さな貸し空間。「1m50cm×1m50cm×空にむかって無限大」で、一日の「家賃」は平日1,500円、土日祝日3,000円。これまでに行われてきた企画は、タロット占い、カフェ、こたつバー、フリマなど。「散髪料は本1冊」という散髪屋が開かれたこともある。店に入れば監視カメラがウルトラマンのお面をかぶる。そして店の奥には、リアルBBSと名づけられた掲示板があり、誰でもお知らせや個人的なメッセージなどを書き込める。ネット掲示板のパロディだ。

大きなガラス戸からは、カメ4匹の池を泳ぐ様子が、水族館のように見える。「ガケ家族」として愛されるカメたちは、写真入りで名前や個性が掲示されている。小さな子どもは、親が本を見ている間も退屈しないでカメを見ながら待っている。

店の隅々まで手づくりのきわどさがあふれ、毎日が文化祭のような店だ。山下店長は、美術館のキュレーターのような存在。こうした「余技」のすべては、「にやっとしてしまう空間」を作ることでお客さんの心を開放し、緊張感を解くことが狙い。それにより、普段は目に入らない本が、視界に入ってくるという効果があるという。

書店を開くにあたって左京区を選んだのは、京都の中でも学生や自由業者が多く、しかも流行に左右されずに自分の生活スタイルを楽しむ人たちのエリアだから。「町の空気を吸いながら成り立っている本屋」を理想に店を開き、店の形は、従業員や常連さんの意見を取り入れているうちにかたまってきた。そしてでき上がった店は、「目的ではないもの」を買いに来るための、大人の駄菓子屋。

平日は地元の人が中心だが、土日は遠方からも人がやってくる。お客は20～60代と年代は幅広く、女性が多い。昼間は主婦、夕方は学生、夜は社会人。ただしネクタイやスーツの人はほとんど来ない。大学関係か、アーティストなど柔らかい職種の人ばかり。売り上げは上がり続け、2005年からは安定に転じた。

「本のセレクトショップ」と呼ばれることも多いが、店長の好みを反映しているわけではない。店長を含むスタッフ3人で、店独自の「フィルター」を通し、今までにお客さんが買ってくれた一冊一冊の本を思い出しながら、作家の系統などで選んでいく。基本的に仕入れた本が売れたらそのぶん新しい本を入れるので、新刊が多いが、「僕がその本を見つけた日が発売日」という考え方なので、過去の本が店頭に並ぶことも。京都の本、文学、サブカル系の本、コミック、SFが充実しているが、ビジネス書や参考書以外のオールジャンルを取り扱う。箱や棚の単位で個人や店が出店できる古本コーナーもある。

表紙を面で展示された本が多く、それぞれの本は1冊しか置かれていない。さらに手書きで謎めいたポップが添えられていて、ここで手に取らないと後悔しそうという感覚をおぼえる。「もうすぐ返本される本」のコーナーも同様。新鮮な気持ちで本を手に取らせてくれそうな、シンプルかつ斬新な仕掛けに満ちた本屋さんだ。

面積=40坪／規模=3,000冊／創業=2004年
分野=文学、雑誌、サブカルチャー、アートなど
業態=書店+古書、CD、雑貨+カメ池のある庭+出店スペース+ネット販売・出張販売

BRUTUS
COFFEE BOOK
pen
IN/SECTS
ku:nel
KYOTO
京都地図本
Discover Japan

営業時間
駐車場

STAFF ONLY

タクシードライバー

足ゆびマッサージュ
保坂和志
まん我倶楽部
オス
木と紙と土展

TRASH-UP!!
I am HERE!
STADIUM

BBS

日活映画
宣伝ガイド

POST
祝デビュー十周年
タイガースマスク選手へ
北山幸治
北山圭一

ガケ書房

店長 山下賢二

小さい頃は、親から電話で呼び出されるまで、いつも本屋さんで立ち読みをしている嫌な子どもでした。アダルト本だけは残念ながら無理でしたけど、全ジャンル読んでいました。今でいうネットサーフィンです。今も、楽しそうに立ち読みをしているお客さんがいると、自分も幸せになります。

こうしてレジに立って店内を見ているだけで、これだけの情報が入ってくるのは、三次元の本屋ならではですよね。店の一番の自慢はカメ池。オリジナルな空間づくりが、本屋をやることのだいご味です。

うちは商品数が少ないので、本が目につきやすい。それに本を置くジャンルを工夫し、文脈を変えるだけで、一冊の存在感は大きくなります。実はうちの店にある8〜9割は普通の大型書店にも置いてある本で、埋もれている本を棚から探す作業を代行しているだけなのです。コミュニケーションを大切にし、お客さんの気持ちになった店づくりを心がけています。本屋は、パン屋や散髪屋と同じ商店街の一員ですから。

初めは気負いがあって、「俺はどんな人間か世界に見せてやる」という感じで店を始めました。今思えば、まるで自分の話しかしない人みたいでした。店頭の車も、「ファーストインパクト」を求めて看板代わりにしてみたのですが、いわば青春の墓標です。

店はお客さんに合わせて作るかわりに、これからは自己表現の手段として、本の編集、出版にも力を入れていきます。あとは、待合室に、うちが選んだ本を置いて、ガケ書房プロデュースの散髪屋も開きたいです。

Kenji Yamashita

1972年京都生まれ。高校卒業後、関東へ。21歳で音楽仲間とアングラ雑誌を立ち上げる。その後、出版編集者、印刷業、古書店と新刊書店での店員を経て、2004年にガケ書房を創業。著書に『京都の音楽家案内』(出版社としての「ガケ書房」からの刊行第一弾)。

この店の一冊(by Kenji Yamashita)

"ノート" いしいしんじ

「ガケ書房オリジナルの小冊子。1,000部限定で表紙は手書きサインです。いしいさんがアイデアや原稿の下書き、イラストなどを書いたモレスキンのノート30冊をもとに編集。それにご本人の解説をつけました。作家の普段のものの考え方が垣間見られます。はかりにのせて陳列しているので、売れるたびに目盛りが減っていくのが楽しいです」

ガケ書房
京都市左京区北白川下別当町33
Tel: 075-724-0071
Fax: 075-722-9403
http://www.h7.dion.ne.jp/~gakegake/
gake32@r5.dion.ne.jp
12:00～22:00／不定休

店員 うめのたかし Takashi Umeno

1978年生まれ。

福岡出身ですが京都で働いていました。ガケ書房には最初、客として来て感動し、そのことを伝えたのがきっかけで、開店2か月後から働いています。お客さんにはアーティスト、ミュージシャン、作家さんも多くて、井戸端会議のように情報交換もします。将来は作家としてやっていきたいので、こういう出会いがあるのはうれしいですし、この店で働いていることが名刺代わりにもなっています。

本のセレクトもお手伝いします。基本はミーハーなので、ツイッターで得た情報は参考にします。あとは、お酒の席や、町家での鍋パーティーで、人から得られる情報が貴重です。京都は小さい町なので、友人の友人で数珠つながりみたいにネットワークができるんです。

「本を足で踏めない」と言いますね。本の先には、誰かがいることが感じられる。本は、家族や恋人のような存在です。安心できて、なぐさめられるような。それに、自分の好きな人には、好きな本を読んでほしいですよね。本をひとりで読むのもいいけれど、友達がいないとつまらない。書店員は、本を書いた人、読んでくれる人双方をつなぐ、どこか子孫を残すような仕事だと思います。

将来は、週4日畑に出て、週2日ものを書くという生活を実現したい。文章を書くと、日常がやっと自分のものになるという実感があります。この店では自分の小冊子が売れる瞬間に立ち会え、お客さんと友達になれる。大量生産ではない小ささが魅力です。

アルトスブックストア

Artos Book Store

365日空の旅
FASHION
FIGARO
Yogini
自休自足
DECOR
2012年トレンド大予測!
PEA
カメラ日和
シャシンの教科書[5]
TRANSIT
Casa
Spectator
ecocolo
Cafe & Restaurant
小さなカフェ開業
PAPER SKY
talking about
花森安治 戯文集 1

WHOLE COOKING
あかが いちばん
ぼくはブルドーザー!
くっついた
ありがとう
ジャリおじさん
あすは さっと
りんごがコロコロコロリンコ
うさぎとかめ
ドーナツのだいこうしん
ゆきがふつたら

宇宙の地図
VOGUE
TAKE IVY
AALTO
VERNACULAR
SMOKE LINE TSUDA
SWISS

地元のコーヒーソムリエによるオリジナルブレンドの豆を、店で挽いて販売している。端正な店構えにコーヒーが薫る本屋さんは、武家文化の美意識を受け継ぎ、茶道が盛んな松江にふさわしい。

店長、西村史之さんの父親が、「西村書店」を創業したのは1966年。史之さんは町の本屋の息子として育ったが、大学を卒業後、本屋とはまったく無縁の会社勤めを4年間東京で経験する。26歳のとき、父親が突然体調を崩し、やがて他界する。帰省した西村さんは、その後12年間、母親とともに「西村書店」の経営にあたった。

その間、郊外型の大型書店やコンビニが次々とでき、町の書店は強い風当たりを受けるようになった。そんな中、西村さんは地元の高級スーパーマーケットの書籍コーナーを手掛けるようになる。おしゃれでクオリティーの高い料理本を中心に、雑誌もハイクオリティーの生活情報誌を置いたところ、これが好評を呼び、「この棚を店にしたような本屋にしたらどうだろう」と考えるようになる。

商品の柱を「衣・食・住」と決め、本のセレクトショップにリニューアルするという構想は、2005年4月、実現した。店のデザインは、白壁に木枠、ヤコブセンのペンダントライトを入れて、当時はやっていた北欧風でまとめた。知り合いの美容室がシンプルなインテリアに改装したばかりだったのにヒントを得た。

取次が見つくろった商品を陳列するのではなく、本のセレクトは、店長夫妻が自分の好みを軸に、「乱暴に絞る」。店にある本は全部見てもらいたいという願いから、本の点数は少ない。

リニューアルと同時に、客層は一転した。それまではオールジャンルの書店だったので、どの本屋に行っても満足するであろうお客さんばかりだった。今のお客さんは、20代後半から40代前半の女性が中心。変わらず来ている昔のお客さんは、2割ほどにすぎない。店名をがらりと変えたことを批判するなじみ客もいた。

アルトスが目指すのは、「日常生活の所作を伝える」こと。本の販売だけでやっていける時代ではないと判断し、「本屋」としてではなく「アルトス」というブランドイメージを打ち立てる。扱う対象は、本を軸にすえつつ、本から派生するものなら何でもありという姿勢だ。ライブやイベントを行い、雑貨や食品を売る。コーヒーのいれ方、裁縫、クリスマスリースづくりなど多岐にわたるワークショップ、一流ミュージシャンが出演するライブも店内で行う。「いったい何屋さんだね」と言うお客さんもいるそうだ。

アルトスはまた、松江市のスーパーマーケット10軒の書籍コーナーと、カフェ、病院の待合室、旅館などのブックコーディネートも手掛けている。さらに、松江市内を中心に隣県鳥取も含む大学や高校から、図書館に新しく入れる本を選ぶ任務をまかされている。地元の名門高校には先鋭的な趣味の子がいるため、ローリング・ストーンズの大型写真集、サブカルチャー系の本などが意外と喜ばれる。

祥子さんが子どもの頃使っていたベンチが、娘が大きくなった今、店の什器として使われている。家族の歴史とともに変貌してきた本屋さん。ラフカディオ・ハーンが愛した古都で、生活の真の豊かさにこだわり、今日も新たな時を刻んでいる。

面積=57㎡／規模=1,200冊／創業=1966年
分野=衣食住と児童書
業態=書店+雑貨+ワークショップ+ライブ

店長 西村史之

「西村書店」の創業は昭和41年。当時は小学生用の雑誌がよく売れたので、おやじは発売前日には大変な部数の付録を手でくくる作業をしていましたし、日に2、3度は本や雑誌を仕入れに行っていました。壮絶な働きぶりでした。時代が変わり、従来のお客さんにとらわれずにやってみたかった。葛藤もありましたが、おやじはよくできた男だったので、「本当はこんな本屋をやりたかったはずだ」とも思います。

本屋を取り巻く状況はいまだ厳しい。でも、中1の娘のために、家でテレビ禁止にした時期があり、家族3人ソファーに並んで本を読んだのですが、これはなかなか素敵な時間でした。今はさまざまな娯楽がありますが、いい本を求める人はいつでもいるはずだと、そのときに思いました。

うちはすき間に特化して、個人経営のきめ細やかさで勝負し、効率の悪さを楽しみます。お菓子研究家のフェアでは、レシピ本に載っているお菓子を実際に作って送ってもらい、店で売りました。都会だったら人が殺到するでしょうから、そんなフェアができるのは、小さな町ならではですね。

私にとって、店はいわば屈折した自己表現。たとえば、内容がよくても表紙が気に入らない本は店頭に並べず、お客さんに聞かれたときだけ出します。38歳でアルトスを始めて以来、自分自身の変化とともに、店も変わってきました。広がりではなく深さを追求し、ぶれずに進化していきたい。「変わらないけど、飽きない」と言われたいです。

Fumiyuki Nishimura
1900年生まれ。大学卒業後、4年間東京で会社勤務。26歳のとき、父親が突然体調を崩したためUターン。母親と一緒に「西村書店」を継ぐ。2005年、母親をリタイアさせて店名を「アルトス」にリニューアルし、妻の祥子さんと店を切り盛りする。

この店の一冊(by Fumiyuki Nishimura)

"小さな家" ル・コルビュジエ

「開店して間もなく、順調な滑り出しだったわりに不安だった頃。この本を買ったお客さんが、レジで『他の店で目に付いても買う気にならなかったのに、このお店では欲しくなりました』とわざわざ言ってくれました。そのとき、アルトスを始めてよかったという確信が生まれました。うちにとっては記念すべき本です」

アルトスブックストア
島根県松江市南田町7-21
Tel: 0852-21-9418
Fax: 0852-21-9418
http://www1.megaegg.ne.jp/~artos/
artos@ms3.megaegg.ne.jp
月～土 11:00～19:30
日・祝 11:00～19:00
第2・第4日休

店員 西村祥子 Sachiko Nishimura

1973年松江生まれ。

実家が陶器店で、お客さん優先の環境には子どもの頃から慣れていました。娘が小学校に上がったのを機にリニューアルされた店で働き始めた当初は、早起きが何よりつらかった。ときには4時半起きですから、パン屋か豆腐屋並みですよね。

店名はギリシャ語で「パン」を意味します。通っている教会の神父様に相談して選びました。最後の晩さんでキリストがパンをとり「これはあなた方に与えられる私の体である」と述べたように、日常に親しまれていて、欠かせないパンのような本、心の糧となる本を選りすぐっています。

おじいちゃん、おばあちゃんが孫へのプレゼントを買いに来ることが少なくありません。自分の子育ての体験を生かして、年齢だけではなく、家族環境やこれまでの読書経験などをもとに本を選びます。「孫に気に入ってもらえた」と言われると、ガッツポーズが出るくらいうれしいです。そうなると、誕生日、お正月と、ことあるごとにうちに来てくれます。

また、うちは「いい寿司屋のような本屋さんだ」とほめられたことがあります。お客さんの好みを知っていて、「今日はいいネタが入ったよ」と教えてあげる。地域に密着した本屋さんであることに、やりがいを感じます。

学校図書館の選書もやっています。高校生は多感な時期で、進路にもかかわります。一冊の本と出会うことで、人生が変わるかもしれない。私がその本を書いたわけではなくても、そんな場に居合わせられただけでうれしいです。誰かの役に立つ本屋でありたい。飽きられないために、自分たちが楽しんでやっていくのも大切です。

Kid's Republic

19

Book

北京

Beijing

上海

Shanghai

台北

Taipei

34
tore

Eslite

ポプラ絵本館

Kid's Republic

抱抱
抱抱
ZIMU
尿尿是什么?
大口吃饭的秘密
9只小猫
呼—呼—呼—
背背 背背
粉红线
蚂蚁蚂蚁排排走

怪杰佐罗力之
恐怖公馆

日本の児童書出版社ポプラ社が、中国の子どもたちに優れた絵本を届けることを目指して開いた絵本専門書店。虹色の帯が、白い空間を包み込み、縦横無尽にかけめぐる。

迫慶一郎氏による建築は、床も壁も天井も家具も区分しない。子どもたちの好奇心と感受性が自由にはばたく場所だ。壁には丸い窓があり、その中は子どもが座って本を読める小さなスペースになっている。ここで絵本を読む子どもたちが、書店の風景の一部になる。

ポプラ社は、2004年に中国現地法人「北京蒲蒲蘭文化発展有限公司」を立ち上げ、児童書と絵本の文化を中国に広める事業をスタート。翌年北京にオープンしたこの絵本館は、その最初のプロジェクトのひとつで、中国初の外資系書店でもあった。

中国には本来、親が子どもに本を買い与える習慣はあっても、質の良い絵本が存在しなかった。ひとつのアートとして発達し、大人も子どもも楽しめる絵本の文化。それを中国に伝えるためのショールームという役割も果たすべく、「絵本館」は生まれた。

斬新な建築の本屋さんがオープンするとテレビや雑誌で大きく報道された。当初は、物珍しさから見に来るだけで買わない人がほとんど。「価格が高い」という声もよく聞かれた。絵本を選ぶために訪れるのは、外国人や、海外生活経験のある中国人の家族たちばかりだった。

しかし絵本館では、1階にあるイベントスペースで読み聞かせ活動を行うことで、絵本のよさを親にも子どもにも伝える試みを地道に続けた。すると、普通の中国人の親子連れにもリピーターが増えてきた。

中国語の読み書きを学ぶのは小学校に上がってからなので、就学前の子どもたちが本を読むには、親などの大人がつきそい、一緒に読んであげる必要がある。そういうわけで、中国では、とくに読み聞かせの重要性が高い。また、親が子どもとふれあい、自分の子がどんなことに興味を持つのかを知る機会にもなるのは、世界共通だ。

店に置いているのは、中国語の絵本が7割で、日本語が2割、英語が1割ほど。いずれも、ポプラ社の絵本だけではなく、中国の出版社が近年出すようになった中国人作家による絵本や、日本のほかの出版社の絵本も置いている。レオ・レオニの『スイミー』、ビアトリクス・ポター『ピーターラビットの絵本』など、世界のロングセラーは、各国語でそろう。

週4回行われる読み聞かせには、日中双方の子どもたちを対象にした「日本のロングセラー絵本を、中国のおともだちといっしょに楽しもう」といった企画もあり、子どもたちの国際感覚を育てることにも貢献している。

さらに、土日には絵本に関連したお絵描きや工作の教室なども開かれている。工作教室は、北京に暮らす日本人やフランス人のアーティストらが講師を務める。絵本に基づいて、素材や色などをテーマに工作を作る。でき上がった作品を館内の入り口に展示していて、これが子どもたちに好評だ。店にはこうしたイベントに割引料金で参加できる会員制度があり、会員は今では3,000人に達した。週末は家族連れでにぎわい、日本や欧米の書店の絵本コーナーと変わらない風景がみられる。

北京に続いて、上海、天津、瀋陽にも絵本館ができた。中国で、ますます多くの子どもたちが、絵本を楽しむようになっている。

面積=200㎡／規模=約2,000タイトル、各2～3冊／創業=2005年
分野=世界の絵本（中国語、英語、日本語ほか）、学齢前児童読み物、保育関連書
業態=書店+イベントルーム+ネット販売

副社長 チャン・ドンフイ

日本で暮らして帰国したあと、子どもが幼稚園の頃に、友人の紹介で開店準備のために入社しました。開店当初は、読み聞かせの活動をすることで、絵本の存在を中国人に知ってもらうことに努めました。今は、出版部門の仕事を主に担当しています。ポプラ社の絵本を翻訳するのはもちろん、あるいはほかの出版社の版権を買って、中国語で出します。店頭での経験は、子どもたちがどんな本が好きかを知るのに役立ちました。今は経営の側になってしまって店に出ることがないため、読み聞かせをしていたあの頃は本当に楽しかったな、と懐かしく思い出します。

工作教室などを企画するのは大変ですし、そのわりには参加した親子が必ず絵本を買ってくれるとは限りません。まあ、ときどき売り上げにつながるという程度ですね。でも、本屋さんに親しんでもらえれば、それが一番です。

中国には近年、いろいろな店ができました。でも、子どものための本屋さんはうちだけですよね。これは大変な誇りです。最近は国際的な知名度も上がり、アメリカのサイトで、世界の最も美しい20軒の本屋さんに選ばれたのも自慢です。

中国の14億人の人口の中で、絵本というものを知っている人は、ごく一部、都市部の限られた人たちだけです。絵本は子どものためになるものだから、まずは都市を拠点に、絵本の文化を広めていけたらと思います。そして、子どもの絵本の場合、手で触って楽しむものなので、本屋さんの存在はとても大切です。

Zhang Donghui
1965年生まれ。2005年にオープン後店長として絵本館のマネージメントに従事、2010年より副総経理として会社全体の経営にも参与。かつて7年ほど日本に滞在した経験を持ち日本文化に詳しい。1児の母。

この店の一冊（by Qing Hongyan）
“可愛的鼠小弟 鼠小弟的小背心”
なかえ よしを 著／上野紀子 絵

「『ねずみくんのチョッキ』の中国語訳。これはねずみくんシリーズ第1作です。日本でとても人気があり、1,200回重版されています。うちの店でも開店当時からのベストセラーです。ねずみくんは子どもと同じ感性なので、子どもたちが読むと共感できるお話なんですね。そして、2色だけのシンプルな絵が、長く愛されている理由です」

Kid's Republic蒲蒲蘭絵本館
中国北京市朝陽区東三環中路39号 建外SOHO 13号楼1362
Building 13th, Jianwai SOHO Community,
No.39 Dongsanhuan Zhonglu, Beijing, China
Tel: +86(0)10-58693032
Fax: +86(0)10-58693037
http://www.poplar.com.cn
poplar@poplar@163bj.com
10:00～18:30(10月～4月 ～18:00)
春節、国慶節の国家祭日休

店員 チン・ホンイエン Qing Hongyan

1981年生まれ。
大学での専攻はデザイン工学でした。出版社志望で、ポプラ社に2010年に入社。ネット販売部門と、書店のパブリシティー、対外連絡を担当していましたが、半年前から店頭に出るようになりました。お客さんと直接接する立場になると、本の薦め方、子どもとのコミュニケーションなど、さまざまな課題が出てきます。丁寧に、優しい声で、子どもたちに親しんでもらえるように話すことを心がけています。
うちの店の本は0歳児から6歳児向け。とくに小さい子のためのコーナーもあります。3歳の子でも、6歳向けの本が読めることもあるので、私はここにある本はすべて目を通して、適切なアドバイスができるようにしています。新しく出た絵本も必ず読みますよ。
いつも店員が2人か3人なので、土日に大勢のお客さんで混み合うと、対応するのはひと苦労です。でも、子どもたちの笑顔が見られるだけで楽しいです。どんなに長い間、買わずに本を読んでいる子がいても、そのままにしておきます。子どもたちはみんなこの本屋が大好き。座って読めるコーナーも多いので、夢中になってしまって、おうちに帰りたくないって言う子もたくさんいます。
絵本を買ってもらうための工夫としては、何か相談を受けたら、できる限りたくさんの本をおっくうがらずに出してあげること。そして、いつも優しく接すること。今日は買わなくても、今度来たときに買ってくれればいいんです。

1984書店

1984 Bookstore

並木が美しい上海の旧フランス租界地区は、落ち着いた静かなエリア。ベルを鳴らして入ると、鉄の扉の奥に広がるのは、隠れ家的な書店。

中庭もあり、雑然とした中にセンスの感じられる室内は、本とアートが好きな若者の家のようだ。
木の家具と床、格子窓がコロニアル風。そこに、古いイタリア映画のポスターが貼られていたり、書棚の周辺にはキッチュな小物が飾られていたり。店のBGMは、ジャズやポップスの気の利いた選曲だ。
店を経営するのは、1980年代生まれの3人。広告代理店でコピーライターとして活躍していた仲間だ。そのうち2人は今も昼間は広告代理店の仕事を続け、基本的に夜だけ店に出る。客も学生や若い人ばかりで、店の人とお客さんの区別がつかない。人手がないときは、「ちょっと店番していて」と常連客に頼んで出かけることもある。
アート、音楽、映画、旅行、文学の分野に絞り、中国語の本を販売。ラウンジでは、外国語の本と雑誌が閲覧できる。オーナーたちが得意な分野に特化し、本のセレクトも担当。自分が読んでよかった小説、好きな映画の関連の本など、気に入った本を置くのが基本だ。さらに、ネットでのリサーチも参考にする。自分たちが好きな本をブログで取り上げている人がいたら、その人の他のおすすめの本も店に入れてみる。こうしてそろえた本が、同じような業界の人たちにも重宝されている。
店には日本語からの翻訳書や日本関連の本が少なくない。三島由紀夫や村上春樹の小説、福田春美、松浦弥太郎などのライフスタイル本。杉浦日向子のマンガも、小津映画に関する評論もあり、オーナーたちの先端的な興味が垣間見られる。そのほか、ロモグラフィー・カメラや、ノートなどの文具も扱う。
ベルを鳴らして入ってくるほとんどのお客さんが常連だ。慣れたふうにソファに座り、ラップトップを出して仕事を始めたり、友達とおしゃべりに興じたりする。土日には、半日ここで過ごす人も。カフェではバラの花びらがたっぷり入ったローズティー、フランス風コーヒーなどが楽しめる。気まぐれで、自家製のサンドイッチも出す。
そして、古い家具が並ぶラウンジにも、本が無造作に置かれた書籍売り場にも、猫3匹が行き交う。本の上で毛づくろいをしたり、ソファで読書をするお客さんの膝の上に乗ったり。猫たちにはもちろん名前がある。まるで鼻ヒゲのようなぶちのある大きい猫が、ヒットラー。黄色いトラ猫が、近所の人に似ているリー先生。臆病な小さい猫が、オーウェル。
店内では写真、アートの展覧会もしている。またテレビや雑誌の撮影に使われることも少なくない。おしゃれな地区にあるため、地元に住む外国人にも人気だ。そして、そんなお客さんが自分の国の本やアートを持ってきて、薦めてくれることもある。最近では、上海在住のポーランド人の映画監督が、自国のポスターの展覧会をプロデュースした。無国籍な味わいのある空間は、こうしてオーガニックに形成されていく。
膝の上の猫をなで、アート雑誌をめくるひととき。中国の消費文化の中心とされる80年代生まれの世代が、自分たちのために作った空間は、すでに実現した上海の近未来を象徴する存在でもある。

面積=180㎡／規模=4,000冊／創業=2010年
分野=文学、芸術、歴史、旅行、哲学
業態=書店+カフェ

Gustaw Flaubert
MADAME BOVARY
KRETY I
RAJSKIE PTAKI
KRÓL KŁANIA SIĘ
I ZABIJA

papierosy
HAMLET
CÓRECZKI

BIENVENUE
A BORD
MAREK HŁASKO
BRUDNE CZYNY
KATZ UND

共同オーナー　エリアン・チェン

店の一番の自慢は、オープンしてすぐに、テレビや雑誌など、24のメディアに取材されたことです。一夜にして、私たちは上海の有名人になりました。

今では、アート関連のイベントの会場としてもよく使われます。午前3、4時まで盛り上がるので、ついつい夜型になりがち。常連のお客さんたちには「まるで娼婦みたいな生活だね」なんてからかわれます。開店11時が目標ですが、自分が店番の日に寝坊してしまうこともあります。今日も開店は12時になってしまいました。

店で最も大切にしているコンセプトは「自由」です。猫は本屋さんに似合うし、それに、東西の作家には猫好きの人が多いから、飼うことに決めました。お客さんは家族みたいな存在です。猫、本、音楽が好きで、この店の家みたいな雰囲気が好きな人たちが集まってきて、思い思いに時を過ごします。

雰囲気のよさが人気の決め手です。今まで上海にあった本屋さんは、みんな大きすぎて、雰囲気がよくなかった。この店は、自分たちが「あったらいいな」と思っていた本屋さん。これまでにない店だから、みんなが来てくれている。未来の本屋さんは、本を売る場所ではなく、絞り込んだ本を置き、比較的小さく、素敵な空間を追求した、美術館やギャラリーのような場所になるでしょう。いい本屋は、その町のランドマークでもあります。洗練された趣味を持ち、娯楽を楽しむゆとりのあるブルジョワジーがいる町、上海だからこそできた店です。

Ellian Zheng

1984年生まれ。広告代理店で、企業イメージや新ブランド設立にかかわる。2010年に、シュンドゥオと、イングオの2人とともに、1984書店を設立。昼間はオフィスに出勤し、夜は本屋の店番やアートイベントのオーガナイズをする二重生活を送る。

この店の一冊（by Ellian Zheng）

"1984" George Orwell

「この小説の雰囲気が好きで、店名に選びました。1984は名詞ではなく、自由と民主主義にまつわる形容詞です。本屋は、自分自身のパーソナリティーを表現できるという自由のシンボル。それに私は1984年生まれなので、個人的にも思い入れのある作品です」

1984 bookstore
上海市湖南路11号
11 Hunan Rd, Shanghai, China
Tel: +86(0)21 34280911
1984bookstore@gmail.com
11:00〜22:00／旧正月休

エリート書店

Eslite

1989年に創業し、台北市内の18軒を含め台湾全土に40店舗を展開するエリート。社内の方針として、お客さんを「読者」と呼び、会員カードの持ち主を「愛書家」と呼ぶ。

エリート最大の売り場面積を持ち、旗艦店でもある信義店は、2006年にオープン。5フロアにわたって、書店に加え、雑貨、文具の売り場と展覧会場、イベントスペースが展開する。
「クリエイティブな思考のための読書とライフスタイル」をコンセプトにした店は、木と鉄と石を素材とし、落ち着いたインテリアだ。顧客の中心は、25〜45歳のミドルクラス。クリエイター系の職種が多い。
入り口を入るとすぐに見える壁一面には、ベストセラー100点を一堂に集めたコーナーがある。まるで壁新聞のように本の最新状況を知らせる書店の顔だ。その隣には、エリート推薦図書のコーナーがあり、毎月8タイトルが紹介される。社員が毎月50冊の候補作の中から話し合って決め、選ばれた本の表紙にはシールを貼り、短い紹介文をつける。創業時から続くこの伝統は、売れ筋ではない本も薦め、「読者」と読書生活を共にする書店としての姿勢を示すものだ。また、雑誌コーナーは、台湾一の品ぞろえを誇る。欧米や日本、韓国のものを5,000タイトルそろえ、世界の最新情報を提供する。
売り上げの2割は外国語の本。店内には、日本語書籍3万冊のコーナーがひと部屋ある。日本が台湾で人気というのもあるが、英語圏だけでない多様な文化を紹介することが狙いだ。台北市内に大規模店舗を数軒展開する紀伊國屋書店の日本語コーナーに比べ、規模は小さいが、日本語ができる目利き女性バイヤーのセレクトに定評がある。とくに、デザイン、ライフスタイル、写真、クラフトが充実。
政治、歴史などのコーナーは、中国では手に入らない研究書を本土から買いに来る人が少なくない。ベンチを置いて、じっくり本が選べるようにしている。壁に鏡を配しているのは、「読書は自己を振り返ること」というコンセプトを表している。
料理本コーナーには、テレビの料理番組のスタジオのようなキッチンがあり、毎週金曜に料理講座が開かれる。レシピ本の著者が出演し、試食もできるこの企画は大人気だ。本以外に、ライフスタイルのさまざまな場面を彩る雑貨や食品を扱っている。デザイングッズや文具に加え、台湾で新しい農業に取り組む若者たちが作った米やお茶、ジャム、ドライフルーツなどの食品を置く。
イベントホールでは、一カ月に20件ほどコンサートやブックイベントなどが行われる。またアートスタジオは、アーティストインレジデンスや展覧会の会場として、中国や台湾の作家を中心に紹介している。
会費を払うか一定のポイントをためると、会員として、さまざまな特典が受けられる。台湾人の平均的な読書数は年間4.2冊だが、ここの会員の30万人は、エリートだけで年間12冊の本を買う。アマゾンは台湾には上陸していないが、日本のアマゾンから日本語の本や洋書を取り寄せる人は少なくない。エリートではさまざまな付加価値を「読者」に提供することで対抗している。エリートというフランス語のほか、誠品書店という中国語の店名がある。「誠実」と「品質」を追求する本屋さんが、台湾人の読書生活を支えている。

面積=46,000㎡／規模=100万冊／創業=2006年
分野=芸術、人文科学、文学、実用
業態=書店+雑貨+食品+カフェ+ギャラリー

迷
台灣
MEET TAIWAN

古典派
Arthur Conan Doyle

MAO'S GREAT FAMINE

nordic
火焰的王座

誠品選書
eslite recommends
TOP 100
健康新書
TOP
100
誠品書店 2011年度
中文暢銷書榜
三本75折
閱讀控獨享
滿千抽66折

文物／陶瓷
CUTURAL RELICS / ANTIQUES / CERAMICS
書法／篆刻
CALLIGRAPHY / SEAL CUTTING

副社長 エリン・リン

エリートは、オリジナルで一貫したコンセプトを持つ企業。台湾で優れた書店のパイオニアになりました。美しく趣味のいい空間で、きめ細かなサービスを実現しています。小売業には、女性的な気配りと繊細さが求められます。社員の7割が女性です。

本を売るのは他の商品を売るのとはわけが違います。本にはそれぞれ、違ったコンテンツがあり、ふたつとして同じ商品はないのが特徴です。だから商品知識とマーケティングがとても重要。本のバイヤーは25人ほどで、それぞれの専門分野の本を全店舗向けにセレクトします。そして、15人のバイヤーが、文具やCD、DVD、食品などその他の商品をセレクトしています。仕入れ先は国内のほか、日本とアメリカを中心に15カ国に及びます。

売り上げは本が全体の6割で、それ以外の商品が4割に達するのもエリートの特徴です。「本と、本の間にあるすべてのもの」を合言葉に、本と雑貨を売り、コンサートや、アート、ファッション、デザインの展覧会といったイベントを開きます。店に来た5人のうち1人は本を買うという統計があるので、できる限りたくさんの人に足を運んでもらうことが、本の売り上げにもつながります。

料理本コーナーにはキッチンがあるのも店の自慢。「ここは料理も読書もできる天国みたいな場所」とコメントするお客さんもいました。空間も「読む」対象です。優れた店舗空間で、優れたコンテンツを提供できれば、本屋の未来は明るいと思います。

Erin Lin
1971年台湾・桃園生まれ。輔仁大学でMBAを取得。卒業後すぐ、1992年にエリートに就職。書店で働くとは想像もしていなかったので、入社は偶然の成り行きだった。イベント企画とエリート推薦図書の審査員を担当。

この店の一冊（by Erin Lin）
"Book From the Ground 地書" Xu Bing 徐冰
「中国のアーティストによる言葉のない本。アイコンだけで物語が展開します。大人も子どもも、世界のどの国、文化、言葉の人でも読める、みんなのための本です。エリートが出版し、店内で展覧会も開きました。またどんな物語なのかを解釈してもらい、上位20人にサイン本をプレゼントするコンテストは大盛況でした」

Eslite Xinyi Flagship Store
11, Song Gao Road, Xinyi District, Taipei City, Taiwan
Tel: +886(0)2-8789-3388
http://www.eslitecorp.com/
service@eslite.com.tw
月〜木・日 10:00〜深夜0:00
金・土 10:00〜深夜2:00
旧正月の前日 〜18:00/無休

店長 スーチュアン・フアン Su-Chuan Huang

1975年南台湾の高雄市生まれ。

輔仁大学で英文学を専攻した後、1998年エリートに就職しました。この店は40人の店員がいて、8つのチームに分かれ、それぞれチームリーダーが統率しています。私はその全員をマネージメントする仕事です。

同僚はクリエイティブで、面白い人たち。そして、みんな大変な読書家なので、学ぶところが多いです。クリエイティブで幸せなチームを築いていくことが、常なる目標ですね。

エリートに入る前も別の書店で働いたことがあり、また入社後はバイヤーをしていたこともあります。自分の書店を開くのが夢だったのですが、今は会社の中で昇進も果たしたし、今の仕事に誇りを持っていますから、このままここでがんばろうかなと思っています。

この店は、静かでクリエーティブな雰囲気。台湾の他の書店とは違います。入社志望者も、みんな「ここの静かな雰囲気が好きだから」と言います。台北は、アジアのほかの街と同様、人が多くてせかせかしているので、静かな書店はリラックスできる場所でもある。だからクリエーティブな思考も生まれるのです。

読書の喜びはなにものにも代えがたいものです。読者のみなさんに喜んでもらうことが、カギになります。ほかの店ではなかったものがここで見つかったと言われるのが一番うれしいです。置いていない本の注文も積極的に受けます。

本屋の仕事をしていて個人的に一番うれしいのが、好きな作家の新刊が入荷したとき。心躍る瞬間です。こういう本は、もちろん店の一番いい場所に置きます。

Livraria
Cultura

Livraria
da Vila

Liv
da T

サンパウロ
São Paulo

リオデジャネイロ
Rio de Janeiro

Bossa Nova
e Companhia
Livraria
Martins Fontes

クルトゥーラ書店
Livraria Cultura

Infanto
Juvenil
Literatura
CDs
DVDs
TORIBA
UMBERTO ECO
O CEMITÉRIO DE PRAGA
Pequena
Abel
CHRIS

livraria cultura
Literatura
OTTO MARIA CARPEAUX
HISTÓRIA DA LITERATURA OCIDENTAL
VOLUME

「文化書店」ことクルトゥーラ書店は、社長のペドロ・ヘルツとその息子たちが経営するファミリービジネスだ。ペドロさんの母、イヴァさんが自宅でドイツ語の本の貸本屋をやっていたのが始まり。

それを広げる形で、クルトゥーラの第一号店は、ショッピングセンター、コンジュント・ナショナルに1973年にオープンした。2007年には、映画館だったスペースを利用して大幅に売り場面積を広げる。支店も順調に増え、2012年春の時点で、サンパウロに5軒、周辺も含めて13軒を展開。年末までに、さらに4軒がオープンする予定だ。

ブラジルでは、大人が一年に読む本は平均2冊に満たない。人口1億9千万人の国全体に、本屋さんは2,300軒（日本の書店数は約1万5千軒）。しかし、経済成長で文化的なものにお金をかけたいと思う人が急速に増えているのを受けて、書店の数は増え続けている。

クルトゥーラ書店の設計を担当したフェルナンド・ブランドンは、国際的なファッションブランドの店舗を手掛けるなど、地元で今売れっ子の建築家。パウリスタたちに親しまれていた映画館の思い出を大切にしながら、人々の日常に溶け込む書店づくりに成功した。「まだ読書人口が少ない国で、人々を本の世界に近づける力を持つ空間ができた。店に来るたびにそれを実感し、誇りに思います」と語る。

巨大な吹き抜けと、全体の床がスロープになったプランは、いずれも映画館の頃のつくりをそのまま再現している。そして観客席は、階段状に置かれたソファに座り、熱心に本を読む人たちでいつもいっぱいだ。また、空色をアクセントに、黄色や緑色など明るい色を組み合わせたカラーも、「ブラジルらしい遊び心」を表す。

店内で目を引くのが、宙を飛ぶドラゴン。また店の奥には、やはりドラゴンの形の子ども用の遊び場がある。「ドラゴンは、子どもたちが好きな動物の中で、唯一、実際には存在しない。つまり、純粋なファンタジー」とブランドン氏は説明する。

子どもの本のコーナーは、店の目玉だ。毎週末、衣装を着た役者による演技を交えた読み聞かせを、ポルトガル語のほか、スペイン語や英語でも実施。外国語教育に熱心なブラジル人の親子もやってくる。

店内には、創業者の母の名を冠したイヴァ・ヘルツ劇場がある。定員166人、ラジオの討論番組の収録に使われるほか、書店とは直接関係のない演劇やパフォーマンスを上演する小劇場だ。この劇場は最上階にあるため、演劇を見に来た人たちも、自然と本の売り場を通ることになる。さらに、ランチタイムには席の奪い合いになるほど大人気のカフェも、書店の客層を広げるのに貢献してきた。

2,000人の社員全員がクルトゥーラ独自の研修を受けた書店員のプロ。本の流通からコミュニケーションスキルまでを学び、インテリだけではなく、初めて読書の世界に入る人の本選びもフォローする。

ブラジルでは、本は値段が高くぜいたく品とみなされている。しかし、クルトゥーラ書店の客層は「すべての人たち」。低所得層も、マイカーを買うのと同じように本を買う生活に憧れ、それを目標にする時代になりつつある。クルトゥーラでは、本を買うにあたって、3回払いまでのローンが組める。またクリスマスプレゼントとして本を選ぶ人も着実に増えていて、ヨーロッパのような本の文化が根付きつつある。

面積=4,300㎡／規模=400万冊あまり／創業=1973年
分野=総合
業態=書店+カフェレストラン+劇場

広報担当 カルラ・ステラート

クルトゥーラは、家族経営の会社なのですが、大きな成功を収め、店舗を増やし続けています。今では社員が2,000人。私は、ほかの仕事をしたあとたまたま募集を見つけて、2011年から広報で働いています。待遇がいいし、上司も私を大事にしてくれるので、ここでの仕事はとても気に入っています。PRだけで10人の社員がいますが、それでも、新しい店ができるたびに取材に応じたり、プレスリリースを作成したり、仕事はとても忙しいです。イベントの宣伝は、また別のセクションがやっています。

クルトゥーラ書店に就職した頃、上司に、「知らなくてはならないすべてのことは、本屋さんで見つかる」と教えられました。本屋さんはすばらしい存在ですね。ブラジルではまだ電子書籍はハードウェアが高いので人気がありません。だから本を読みたかったら、本屋さんに来るしかありません。うちの店はありとあらゆるジャンルの本を扱っていますが、とくに売れているのは、ブラジル文学を別にすると、自己啓発本だという印象があります。ブラジルでは今、ビジネスで成功してお金持ちになりたいと希望に燃えている人たちが多いのでしょう。

そして、ブラジル人は、消費の優先順位を変えつつあります。本はかつて、一部のインテリや富裕層のものだったのですが、文化的なものにお金を使いたいという人が増えている。だから、うちの店には、この近くに仕事場のある弁護士も、その事務所で働く研修生もまかないのおばさんも、みんなやってきます。

Carla Stellato

1980年、サンパウロの隣町サンカエタノドスル生まれ。パウリスタ総合大学UNIPでジャーナリズムを学ぶ。幼稚園の教諭や事務職を経て、2011年クルトゥーラ書店のPRに転職した。「世界で最高の仕事」を楽しんでいる。今は英語を猛勉強中。

この店の一冊(by Carla Stellato)

"Eu receberia as piores notícias dos seus lindos lábios" Marçal Aquino

「映画化もされたけど、原作の方が断然いい。"君の美しい唇から最悪の知らせを受け取った"というタイトル。サンパウロからパラ州に移り住んだ写真家が、美しく清純な既婚女性と出会い、恋に落ちる。彼女は情熱的な自分を見出し、二重生活を送る、という物語。とにかく読み始めたら止まらない面白さ」

Livraria Cultura
Conjunto Nacional, Av. Paulista, 2073, 01311-940-Bela Vista-São Paulo-SP, Brazil
Tel: +55(0)11 3170 4033
Fax: +55(0)11 3285 4457
http://www.livrariacultura.com.br
月〜土 9:00〜22:00／日・祝 12:00〜20:00／無休

ダニエラ・ウエムラ Daniella Uemura

1984年サンパウロ生まれ。
大学生で、外国文学・ブラジル文学を専攻しています。イタリアのボローニャ大学にも留学していました。1年半前からこの本屋さんで働いています。文学が好きなので、本に囲まれているだけで幸せですし、文学好きのお客さんと話すのは楽しいです。
ここで働いていると実感するのが、ブラジルにも、すべての人が本を買うという新しい時代が訪れつつあることです。これはこの国にとって静かな革命です。だから文化的な書店は、ビジネス的にも成功しています。本を買うことに慣れていないお客さんも来ますから、その人がどんな本を探しているのか、またどんな本を薦めればいいのか、話していても判断に時間がかかることもしばしばです。それに最近のパウリスタはみんな忙しくて、辛抱強く会話につきあってくれないなんてこともありますね。
この店の書店員は、みな「本について話ができ、お客さんに合った本を薦める能力」を身につけています。そこが、ほかの店との違いかもしれません。私自身はたくさん本を読むように心がけていますが、それだけでは不十分。いい書店員とは、1、2ページめくってみただけでその本の他の本との違い、はたまた著者の個性を判断し、お客さんに適切に説明できなくてはなりません。それから本を相対的に位置づけるために、映画館に行ったり、新聞を読んだり、一般的な文化を吸収しておく必要もあります。

書店
Acordei em
woodstock
VIAGENS, MEMÓRIAS, PERPLEXIDADES
IGNÁCIO DE LOYOLA BRANDÃO
Ignácio de Loyola Brandão
Você é JOVEM, velho ou dinossauro?
DESCUBRA COM ESTE LIVRO
IGNÁCIO DE LOYOLA BRANDÃO
Zero
PARIS
PHAIDON

南米最大の都市、サンパウロ。最先端のアートギャラリーやブティック、バーが立ち並ぶヴィラ・マダレナ地区にあるのが、ヴィラ書店ロレーナ店だ。この町では、書店は社交場でもある。

ブラジルの熱い太陽が沈む3月の夜7時。オープンカーが、店の前で停まり、ダークスーツの男性と、背中のあいたドレスにハイヒールの女性が颯爽と降りてくる。制服を着た係が、キーを預かり、駐車場に車を移動させる。カップルは、腕を組んで店内に消えていく——。
パリの高級レストランのような光景だが、ここは、パウリスタたちに親しまれているヴィラ書店。すべての店舗にカフェと小さな劇場がある。そして、ファサードとインテリアは、本がすき間なく並ぶミニマル・シックだ。
設計を手掛けたのは地元の建築家イザイ・ヴァインフェルト。ファサードは、開店中は回転して出入り口ができるが、閉店時に閉じると全面ガラス張りの本棚となる。これはブラジルの都市の路上に面したカジュアルなバー「ブテコ」を思わせる。店内は低い天井、間接照明で、書棚が壁紙替わり。映画狂として知られる建築家らしくドラマチックな演出。ブラジル人でなくても、おしゃれして出かけたくなるだろう。
ほぼ毎晩、店内で行われるブックイベントには、ヒップなパウリスタたちが集う。ヴィラ書店の全6店舗合わせて年間1,000件ほどのイベントを開催している。
イベントは店内の枠にとどまらない。2011年からは、ポルトガルの詩人フェルナンド・ペソアの一節「航海は必要」(ポルトガル語では「航海は厳密」という意味もある)にインスピレーションを得て、5日間アマゾン川を船で下り、船上で作家たちがトークをする、というツアーを主催している。
しかし、もちろん書店の主役は本だ。ヴィラ書店は1984年創業だが、2002年に今のオーナー、サムエル・セイベウさんが買収し、現在サンパウロ市内に6店舗を設ける。今年中にあと2軒増やし、来年にはサンパウロ州の外にも進出する計画だ。居心地のいい店づくりを通して、読書文化をブラジル人の魂に根付かせることが、サムエルさんのライフワークだ。
店の1階は文学を中心にしていて、ゆったりとしたソファーや椅子が置かれ、奥にはブックイベントの会場になるキッチン付きのコーナーがある。2階は映画と音楽、そしてテラス付きのカフェ。地階は児童書コーナーで、近隣のお金持ちの子どもを連れたベビーシッターが集い、仲間とおしゃべりに興じる。子どもたちは自由に絵本をめくったり遊んだりして、さながら私立保育園のようだ。
常連客の多くがアッパーミドルクラス。店員には、真の本好きのみを採用し、さらに社員教育に力を入れている。中でも重視しているのが、「お客さんを放っておかない」ということだ。オーナーのサムエルさんはすべての店舗を毎日見回り、顔見知りのお得意さんを見つけると、あるいは「このお客さんは話しかけられるのを待っている」と察すると、自分から積極的に声をかけるか、店員に注意を促す。まるで高級ブティックのような接客も人気の秘密だ。

面積=850㎡/規模=15,000冊/創業=2008年
分野=文学、人文科学、芸術、趣味、旅行、児童書
業態=書店+カフェ+小劇場

MARCELO
RUBENS PAIVA
Elizabeth Gilbert
Sobre homens e lagostas
CHARLAINE
HARRIS
SURPRESA DO ALÉM

ESOPO

オーナー　サムエル・セイベウ

本屋さんとはまったく縁のない人生を送っていたのですが、10年前、リオデジャネイロでランニングレースに参加するため、週末を現地で過ごしたときのこと。レース前日の土曜日、妻と二人でディナーに行き、そのあと小さな本屋さんに立ち寄りました。ブラジルの書店の例にもれず、店内にはカフェがあります。本に囲まれてコーヒーを飲んでいたときに、心が決まりました。「僕が本当にやりたいのはこれだ」と妻に宣言。それで生まれて初めて書店業を始めました。
これが正しい決断だったかどうかはわかりませんし、お金をもうけることが目的ではありません。魂のこもった本をできる限り多く売り、多くの人に本の持つ魂を感じてもらいたい。ブラジル人の平均読書数は年間1.8冊といわれていますが、これを2冊にできたらすばらしい。中流階級が力強く成長していますから、達成可能だと思います。
ヴィラ書店は、私たちの理念に共感する人たちが集うカルチャーセンター。魅力的な店にすることはとても大切なので、デザインには気を配りました。子どもたちも、店に来て、壁いっぱいにびっしり並んだ本を見ると、みんな目を輝かせます。
今後は紙の本と電子書籍の両方が共存する時代になるでしょう。うちでも電子書籍を扱う予定ですし、これからの書店は単に本を売る場所ではないので、存在意義が消えることはありません。本屋さんの未来は明るいと信じて、日々いい店づくりに努力しています。

Samuel Seibel
1954年サンパウロ生まれ。大学卒業後、10年間ジャーナリストとして活動したのち、82年から20年間、父と兄とともに家具の建材を売る会社の経営にあたる。2002年にダ・ヴィラ書店を買収。2人の息子とともに経営にあたる。

この店の一冊（by Samuel Seibel）
"Capitães da Areia" Jorge Amado
「ブラジルを代表する小説家ジョルジェ・アマードの初期の作品『砂の戦士たち』。1930年代の本で、数多くの言語に翻訳されています。私は10代の頃に読んで衝撃を受けました。港町サルバドールで路上生活を送る少年少女たちが、幸福を模索する姿を描きます。人間について、幸福について考えさせる、とてもいい本です」

Livraria da Vila (Lorena)
Alameda Lorena, 1731-Jardim Paulista,
São Paulo-SP-Cep. 01424-002, Brazil
Tel: +55(0)113062-1063
http://www.livrariadavila.com.br/
月〜土 10:00〜23:00／日 11:00〜20:00／無休

店員 タデウ・フレイタス Tadeu Freitas

1983年ブラジリア生まれ。

18歳から「世界を変えたい」と思ってフォルタレーザ大学で法律を勉強したのですが、「自分の人生を変えて、周囲の少しの人たちに影響を与える」ことに方針を転換。本屋さんで働くことを決めました。昨年サンパウロに引っ越してきたのは、クルトゥーラ書店で働くため。そこで1年弱勤めたのち、友人にヴィラ書店を勧められてひとめぼれ。半年前からこちらで働いています。文学の売り場が担当です。

書店員の仕事は大好き。しかもこの店は建築が美しく、伝統的な本屋さんの趣があります。「こんな本屋さんにヨーロッパで行ったことがある」と言うお客さんが多いです。

オーナーのサムエルは、自分も店員証をつけて店に立ち、お客さんに話しかけ、電話もとります。いつもそばにいてくれるので心強い。彼はすばらしい経営者です。

書店員の仕事は、土日祝日出勤はあたりまえですから、友達や家族と過ごす時間が限られてしまうのがつらいところです。それに一日中立ち仕事。でも、お客さんには自宅のようにくつろいでもらいたいので、疲れていても親切に応対しますし、同僚たちとも仲良くやっていくように努めています。新刊についての勉強も怠りません。

でもこの店での仕事はもうすぐおしまい。音楽が大好きなので、ミュージカル俳優としての道に進むことに決めました。ミュージカルはチームワークですから、書店員として磨いた人間関係のスキルがおおいに役に立つと思います。

トラヴェッサ書店

Livraria da Travessa

GEOGRAFIA
ECONOMIA
DIREITO

ESTOQUE
FILOSOFIA
CIÊNCIA
RELIGIÃO
HISTÓRIA
BIOGRAFIA
TEORIA LITERÁRIA
POESIA

BAZZAR
café
nascido e criado em ipanema

「トラヴェッサ」とは、路地という意味のポルトガル語で、車の通らない、感じのいい細い通りを指す。まさに「町の本屋さん」といった精神を忘れない、カリオカたちに最も愛されている本屋さんだ。

1986年にトラヴェッサの一号店が開店した通り「トラヴェッサ・ド・ウヴィドール」にちなんで、この名前がつけられた。
オーナーのルイ・カンポスさんは、ブラジル南東部のベロオリゾンテの出身。18歳でリオに出てきて、当時イパネマにあった書店「ムロ」の店員になった。「ムロ」は独裁政治に反対する政治色の強い書店だったが、その後そこから分離するかたちで「トラヴェッサ」が開店。今ではリオデジャネイロに7軒を構える総合書店に成長した。カリオカたちにとっては、本屋さんといえば真っ先に思い浮かぶのがトラヴェッサ。
イパネマ店は、トラヴェッサの中でも洗練された印象のある店だ。ボサノバの名曲「イパネマの娘」で知られるこの地区は、美しい海岸が4キロにわたって続く。内陸部はちょうどこの歌が発表された頃から、おしゃれな住宅街として栄えるようになった。
店内には静かな音量でジャズやボサノバが流れる。またトラヴェッサの店舗には欠かせないのが、カフェ。本に囲まれてお茶を飲んだりランチをしたりするのが、おしゃれなカリオカたちの習慣だ。イパネマ店のカフェは、近隣の住民と思われる美しく着飾ったマダムたちでにぎわっている。またビジネスミーティングにもよく利用され、その際にはリファレンスとして使う本を売り場からすぐに持ってこられることが重宝される。
「優れた書店の存在は、人々に読書というすばらしい習慣を身につけさせる力を持つ」というのが店の信念だ。同時に、「書店は本を買うためだけの場所ではない」というのもポリシー。一人でも多くの人を「本でも読んでみようかな」という気にさせて、その人を読書の楽しさにいざなう。そして、これまでとは違った視点で物事を考えたり、それについて、店内にあるカフェで、友人と語り合ったりする。そうした生活の全般をサポートする本屋さんを目指している。
店に置いてある本の2割は社会科学系で、哲学や政治に強いところに、昔の名残をとどめる。ブラジル文学を促進するのもトラヴェッサの目標のひとつで、古典から現代ものまで、原書はもちろん英語、フランス語、スペイン語、イタリア語、ドイツ語の翻訳もそろえている。
売り上げは順調に伸びている。2007年からスタートしたネットでの販売は、今では売り上げ全体の2割を占める。しかしネットで買う人たちは、値段を重視する傾向があり、大手チェーンとの競争に限界を感じている。そのため、書店を訪れて本を買うことを好む人のために、居心地のいい環境づくりに余念がない。本のディスプレーの際に、あまりきちんと整理しすぎないことも、カリオカたちの心をつかむための戦略なのだとか。実際、テーブルや棚の前の平台に積まれた本の山が、不思議となごめる雰囲気をつくり出している。
店内では、著者のサイン会などのイベントが毎日のように開かれている。南米最大のアートフェア、「サンパウロ・アート」をはじめとする展示会や展覧会に臨時店舗を出すなど、店の外での活動も活発に行っている。

面積=850㎡／規模=10万冊／創業=2002年（Travessa一号店は1986年創業）
分野=総合
業態=書店+ネット販売+カフェ

マーケティング・ディレクター ガブリエラ・ジオーザ

以前は出版社でマーケティングの仕事をしていましたが、6年前からトラヴェッサで働いています。書店の仕事で最も大切なのは、常に柔軟な姿勢で状況に対応する能力です。本の題材は幅広いですし、応対する相手も、出版社の人、著者、お客さん、ビジネスパートナーと、さまざまです。

本屋さんの仕事はやりがいがありますし、とくに今のブラジルでは急成長している分野なので、今がトラヴェッサにとって一番面白いときかもしれません。私はみんなにもっと本を読んでもらいたい。そのために、音楽を聴けたり、レクチャーに参加できたり、ミーティングに使えるいいカフェがあったり、そうした本屋さんの環境づくりはとても大切だと思います。

単に大きいだけの書店は、電子書籍やアマゾンなど大手通販会社の威力におされて経営が成り立たなくなるかもしれません。でもトラヴェッサのような、きちんとセレクトされた本を売る居心地のいいお店がなくなることはないでしょう。こういう優れた本屋さんで過ごす時間は、特別なものですから。

私の願いは、仕事を通して、人々にもっとものを考えてもらうためのお手伝いをすること。それから、いろいろな人が集まるイベントの企画などを通して、コミュニティーをつくり出すこと。人間どうしがふれあいを持ち、きずなを深めることが、これからの時代はとても大切だと思います。

Gabriela Giosa
1978年サンパウロ生まれ、リオデジャネイロ育ち。大学で広告とジャーナリズムを学ぶ。広告エージェンシー、「リーダーズ・ダイジェスト」のマーケティング部勤務を経て、MBAを取得し、2006年トラヴェッサに転職。マーケティングやPR、イベントを手掛けている。

この店の一冊(by Gabriela Giosa)

"Dom Casmurro" Machado de Assis

「ブラジル文学史を代表する存在、マシャード・デ・アシスの傑作『ドン・カズムーロ』。20世紀初めのリオデジャネイロが舞台。陰気な男が、愛妻が浮気をしているかどうか思い悩み続けます。ブラジルポルトガル語の使い方がすばらしい。それに彼のユーモアのセンスは"骸骨をも笑わせる"といわれています」

Livraria da Travessa（Ipanema）
Visconde de Pirajá, 572,- Ipanema, Rio de Janeiro-RJ,
22410-002, Brazil
Tel: +55（0）21-3205-9002
http://www.travessa.com.br
atendimento@travessa.com.br
月～土 9:00～深夜0:00／日 11:00～深夜0:00／無休

店員 アントニオ・ベルト・ド・ヴァレ Antonio Berto do Vale

1962年サンパウロ生まれ。

21歳で、サンパウロの映画専門書店で初めて書店員になり、以来四半世紀にわたってずっと本屋さんで働いています。

私はドイツ語を勉強していたことから、1990年からは4年間、ベルリンの美術書店でも働いていました。それから、サンパウロのクルトゥーラ書店や仏系大手チェーンのフナックを経て、10年前にサンパウロからリオに移り、以来トラヴェッサで働いています。今は売り場に出るほか、新刊書のセレクトも手掛けます。新聞やラジオで批評をチェックし、インターネットで出版界の情報を仕入れますが、何より役に立つのが自分自身の読書経験です。

私は外国でも暮らしましたが、リオの町が、そしてとりわけイパネマが大好きですし、うちの店に来るお客さんは文化レベルが高いので、この店での仕事にはとても満足しています。ヘミングウェイの本はどこかとか、ウッディ・アレンの映画について調べたいとか、どんな質問が飛び出してもすぐに本が見つけられるよう、日々本についての情報集めには余念がありません。

未来の本屋さんは、文化的なイベントを開く場所という意味合いが強くなるかもしれません。でもこの店にいて本の山に囲まれているお客さんたちを見ている限り、紙の本がなくなることは想像できません。

今後の夢ですか？ 山間に美しい別荘を見つけて、美しい本に囲まれて過ごすことです。でもここの仕事が忙しいので、そんな暇は当分なさそうですね。

ボッサノヴァ・エ・コンパニーア

Bossa Nova e Companhia

コパカバーナ海岸から一歩街中に入ったところにある音楽専門の書店。白と黒を基調にしたクールなインテリアが、ボサノバ黄金時代にエレンコ・レーベルが確立したアルバムデザインを思わせる。

店がある地区には、ボサノバが流行し始めた1950年代末、「ボトルズ」「リトルクラブ」「バッカラ」の3軒のミュージック・バーが営業し、ブラジル音楽の最高峰のミュージシャンたちが毎晩演奏を繰り広げた。セルジオ・メンデス、ジョニー・アルフ、エリス・レジーナ、パウロ・モウラ、ナラ・レオン、バーデン・パウエルといったブラジル音楽を代表する才能たちだ。その頃「酒瓶の小道」を意味するベコ・ダス・ガハファスという通称が生まれたのは、演奏の合間や夜更けに騒ぐミュージシャンやそのファンたちに抗議して、眠れない地区の住民たちが、階上から道に向かってビンを投げつけたことから。当時の様子が、インテリアと同じくらいクールな店のウェブサイトで、アニメーションで紹介されている。
その後、ボサノバの名だたるミュージシャンたちの多くが、アメリカに渡り、ギャラも大幅に上がってしまった。このため「酒瓶の小道」のにぎわいは急速に衰える。リオにおけるボサノバの黄金時代からほぼ半世紀を経て、リトルクラブがあったのと同じドゥ・ヴィヴィエール通り37番地にこの店がオープンしたのは2006年。まだ若いカリオカ2人が店長を務める書店兼音楽ショップだ。
この2人は、ボサノバの殿堂として世界的に有名な音楽ショップ「トカ・ド・ヴィニシウス」のオーナー、カルロス・アルベルトさんの娘レイラ・ヴェネチッロ=マルティンスさんと、その甥のブルーノ・ヴェネチッロさん。「トカ・ド・ヴィニシウス」は、ボサノバアルバムの多くを手がけたデザイナー、セザール・ヴィレーラが今も出入りするなど玄人的なたたずまいなのに対して、「ボッサノヴァ・エ・コンパニーア」はフレッシュな店だ。
店のデザインは、いとこどうしである若き店長2人が考えた。タイル張りの床に、ミッドセンチュリーの家具やラジオをちりばめた店内は、まるでボサノバのミュージシャンたちが仲間と集ったアパートのよう。1階の白い柱廊のようなデザインは、コパカバーナ海岸に面した高級老舗ホテル、コパカバーナ・パラスをモチーフにしている。店には、どこかの上品な家のリビングにふさわしい音量で、ボサノバの定番アルバムが流れている。
そしてこの店の主役はブラジル音楽に関する書籍。ブラジル音楽の起源からサンバ、ショーロ、ボサノバをはじめとするさまざまなジャンルに関する解説書やミュージシャンの伝記、楽譜が置かれ、その充実ぶりは、国内でも類を見ない。ブラジルポルトガル語・英語バイリンガルのアントニオ・ジョビンの伝記、ギターではなくピアノでボサノバを演奏するためのアレンジ集、といったレアな宝物に出会える。ボサノバ巡礼のためにリオにやってくる音楽ファンは、ここで売られている本やCDのすべてに目を通しながら、興奮した心を抑えつつ、長距離フライトで一緒に連れて帰る子を厳選するための悩ましいひとときを過ごす。外国人は、日本人とフランス人が最も多く、年齢層はさまざまだ。
一方で、一般のブラジル人にとっては、ボサノバは「古くさい音楽」と受け取られがちだ。カリオカで店に来る人はほとんどが中高年だが、若いミュージシャンたちも訪れる。ボサノバの殿堂の若き2代目たちが運営するこの店が、カリオカたちのボサノバ再発見に貢献している。

面積=40㎡／規模=2,500冊／創業=2006年
分野=音楽
業態=書店+CD

bossa nova

bossa nova
& COMPANHIA

Songbook
Songbook
Songbook
Songbook
O MELHOR DE
Roberto Menescal

bossa nova & COMPANHIA
PHILCO

CARIOCA
Beco das Garrafas
Circuito da Bossa Nova
Aqui artistas se apresentaram nos palcos das boates Little Club, Bottles e Baccara no final de 1950 e início de 1960.
RIO

共同店長 ブルーノ・ヴェネチッロ

リオの同世代の友達は、誰もボサノバなんかに興味がありません。だから、本を仕入れて開店するまでは、不安でいっぱいでした。でも、今では毎日世界中からお客さんが足を運んできてくれます。世界に一軒しかないお店ですから。

いとこのレイラは、小さい頃からお父さんの店に出入りするミュージシャンたちにかわいがられて育ちました。一方、僕のお父さんは全然タイプが違って、洋服のブティックや工材店を経営するビジネスマン。だから、英才教育を受けてきた彼女と違って、僕が音楽の仕事をするためには、勉強が必要です。あとは、お父さんから学んだビジネスマンとしてのセンスを発揮しています。たとえば店のフライヤーをホテルに置いてもらったり、日本人観光客を案内してきてくれるガイドさんには謝礼を払ったり。そうした地道な努力が実って店の知名度はかなりのものになりましたし、とくに日本人のお客さんには、地球の裏側から何度も来てくださるリピーターが少なくありません。珍しい本を探しに来るお客さんも多いですから、店に置いてある本は全部頭の中に入れるよう勉強します。

今後は、店の隣にライブスペースを設けたいと考えています。ボサノバはそもそもアコースティックな音楽。舞台にギターと椅子だけを置いたオーセンティックなスタイルで、半世紀前の伝統を「酒瓶の小道」によみがえらせるのが夢。これも本屋さんにもっと人を呼び込むための作戦です。

Bruno Venetillo
1983年リオデジャネイロ生まれ。エスタチオ大学でジャーナリズムと広告を学ぶ。自分で楽しむ音楽は、ブラジルの音楽だけではなく、アメリカのポップ、ロックからクラシックまでと幅広い。カポエイラを習っていて、趣味でビリンバウの演奏もする。

この店の一冊（by Bruno Venetillo）
“Antonio Carlos Jobim: Uma Biografia”
Sergio Cabral
「アントニオ・カルロス・ジョビンは僕が最も敬愛するミュージシャンです。とても面白い人生を送った人なので、伝記は必読です。この本を読むと、生きているジョビンに会いたかったなと思います。彼はシンプルだけれど広い心を持った大きな人物でした。その人となりが、音楽にも反映されています」

Bossa Nova e Companhia

Rua Duvivier, 37, 22020-020 Copacabana, Rio de Janeiro-RJ, Brazil
Tel: +55(0)21-22958096
http://www.bossanovaecompanhia.com.br
bossanova@bossanovaecompanhia.com.br
1月・2月・12月 9:00〜19:00／無休
3月〜11月 月〜金 9:00〜19:00／土 9:00〜17:00／日休

店員 タリータ・レイス Talita Reis

1988年生まれ。

リオデジャネイロ州立大学の歴史学科を卒業したばかり。小さい頃から音楽好きの両親の影響でいつも身近に音楽がありました。この店は大好きで、しかも自分はこの店員になるべきだという自信があったので、半年前に、働かせてもらえませんかと聞いたら、すぐ採用されました。

うちの店は、静かで落ち着いた雰囲気。私は歴史を学んだくらいで、古いものに魅力を感じるので、ビンテージの家具や、昔のミュージシャンのモノクロ写真がちりばめられたこの店はとても居心地がいいです。

店は私にとっては学校みたいなもの。仕事をしながら堂々と本が読めるし、ブラジルの文化や音楽についてお客さんと話ができるのが楽しいですね。私は大卒で知識や教養がありますから、「若いのによく知ってるね」なんてびっくりされることもあって、そんなときは鼻が高いです。お客さんはコアな音楽ファンが多いので、何を探しているのか理解し、そのあとよさそうな本を薦めたら、少し放っておいて、じっくり自由に検討する時間をあげます。

世界中からやってくるお客さんと話をするために、英語やフランス語、スペイン語を、少しずつ学んでいます。ブラジルの音楽や文化に対する認識を内外に広めるうえで、この店の使命はとても大きい。だから仕事にはやりがいを感じています。将来は大学院に進み、ブラジル音楽についての研究をし、自分の知識を広めるために本を書くのが夢です。

マルティンス・フォンテス書店

Livraria Martins Fontes

リオデジャネイロで最も瀟洒な地区レブロン。ダウンタウンや海岸の喧騒を遠く離れ、並木道の木陰を散歩していると、ヨーロッパの街にいるような錯覚に襲われる。

サンパウロに本社がある書店チェーン兼出版社マルティンス・フォンテスは、フォンテス氏が1960年にサンパウロに設立。1972年には出版社を設立。ゲーテからメルロ・ポンティまで、ヨーロッパの文学や哲学の古典をブラジルポルトガル語に翻訳し、出版してきた。これらの本は2,000部から、せいぜい5,000部しか売れない。ブラジルポルトガル語はポルトガルで話されるポルトガル語とは微妙に異なるが、すでにポルトガル語、あるいはスペイン語の翻訳書がある場合、ブラジルポルトガル語の翻訳書を出版するのは、採算面で難しい。しかし、フォンテス氏はブラジルの文化に不可欠な貢献になると信じ、出版活動を続けてきた。近年は、ヨーロッパの児童文学の古典の翻訳にも力を入れている。より利益の上がる外国語の教材を出し、学校に社員を派遣して教材を売るなどの戦略で、経営面を補っている。
フォンテス社は、70年代から、リオデジャネイロのダウンタウン地区に大型書店を経営していた。商業地区でオフィス街が近いため、昼休みのビジネスマンなどが店を訪れても、夜はあまり通りかかる人がいなかった。さらに家賃が高騰したため、同社は2011年末、この店を閉め、レブロンの小さな店舗に引っ越した。新店舗に移転する際、オープン要員として、フランス人の元ジャーナリスト、アレクサンダーさんを招き、魅力的な店づくりを進めている。
店には、もともと同出版社の本を愛読していて、社会科学系を中心とする同社の本を探しに来るジャーナリストや大学教授、同社、または別の出版社の外国語のテキストを探しに来る人たちが集まる。夕方にイベントを開くと、近くに住む人たちや、近隣のレストランやバーを訪れるついでの通行人が立ち寄ってくれるようになった。
店の一番奥、特等席のような場所にある子どもの本のコーナーは、アレクサンダーさんがコーディネートした空間。カラフルなソファーや鏡が置かれている。子どもには自分を超えた知識人になってほしいと願う親が、メアリー・ノートンのファンタジー小説『床下の小人たち』などフォンテス社の児童書を積極的に子どもに買い与える。
フェリーニのインタビュー集など、映画関係の翻訳書の出版イベントは、近くの映画館で行う計画だ。開店したばかりの本屋さんが、地元での知名度を上げていくための戦略だという。そして、当局の許可が下り次第、店内にはカフェをオープンする。リオデジャネイロは、サンパウロに比べてリズムがゆっくりで、なかなか計画が進まないのが悩みだとか。地元では珍しいアイスコーヒーや本格的なカプチーノが楽しめるほか、店内で注文ごとに挽くコーヒー豆を販売する予定だ。店にコーヒーのいい香りを漂わせるのも狙い。「本とコーヒーは、ワインとチーズのように完璧な組み合わせだから」とアレクサンダーさんは説明する。カフェには各国の新聞も置いて、ゆっくりくつろげる空間にしたいと考えている。店内には愛犬のための水飲みコーナーも準備中。新しい本屋さんを、カリオカたちが散歩のついでに気軽に立ち寄り、くつろげる場所にするためのアイデアはつきない。

面積=140㎡／規模=25,000冊／創業=2011年
分野=社会科学、文学、批評、建築、デザイン、芸術、語学、児童書
業態=書店

WOOD DESIGN
SHOW DESIGN
GLASS DESIGN
M.C. Escher

EVENT DESIGN
Filosófico de Citações
O MUNDO DE ATENAS
JEAN PIAGET
epistemologia genética
psicoterapia e consulta psicológica
UM BANTO EM WASHINGTON
ESTÉTICA DA CRIAÇÃO VERBAL
TEMPO E NARRATIVA

FLORBELA ESPANCA
LIBERTAÇÃO ANIMAL
CARL R. ROGERS
tornar-se pessoa
A DEMOCRACIA NA AMÉRICA
BERLIN ALEXANDERPLATZ
Diálogos sobre música e teatro

Umberto Eco
Interpretação e Superinterpretação
a arte de amar
Erich Fromm
tudo o que você jamais deveria saber sobre a sexualidade de seus filhos
martins

店員・PR担当 アレクサンダー・マルシャル

本来はジャーナリストなので、インタビューをするのには慣れていますが、逆の立場で答えるのは、まるで妹とスローダンスを踊るのと同じくらい恥ずかしいですね。でも気を取り直して説明します。

私は外国人ですし、書店経営にはまったくの門外漢でしたが、不思議なご縁でここに来ました。ニューヨークでフランスのテレビ局の仕事をしていて、カメラマンであるフォンテスさんの息子と知り合いになったのがきっかけです。「新しい本屋さんを開くにあたって、幅広い視点を持つ開店スタッフを探している。手伝ってくれないか」と声をかけられたのです。ブラジルは楽しそうだなと思って、半年間の約束で来ました。

勤務初日は、まるでボルヘスの寓話に迷い込んだみたいでした。異国の美しい店で、美しい本に囲まれて、なんてすばらしいんだろうと思いました。今ではすっかりこの生活が気に入ったので、店が軌道に乗るまでいるつもりです。言葉もかなり身について、同僚とはポルトガル語しか話しません。私は未経験ですが、本が大好きですから、仕事をするうえで困ったことはありません。

本屋さんは、「文化の肺」です。本屋さんがなければ文化はありません。書店員は、高貴な職業です。お客さんたちとは、同じ地平で、本について語り合うことができるよう、好奇心と情熱を持つことが何よりも大切ですね。

Alexander Marshall
1965年ジュネーヴ生まれ。パリとロサンゼルスで生まれ育つ。ソルボンヌ大学で文学と映画を学んだのち、NHKパリ支局に就職。1990年ニューヨークに移り、フランス2の支局でテレビ番組を制作。2011年末、リオデジャネイロに引っ越した。

この店の一冊（by Alexander Marshall）
"O escafandro e a Borboleta"
Jean-Dominique Bauby

「映画『潜水服は蝶の夢を見る』の原作の翻訳。私は飛行機の中でたまたま映画を見て泣き、英語版を読み、それからフランス語の原語版を手に入れて読みました。瞬きだけで書かれた短い本ですが、人生に対する深い愛がこの上なく美しい。うちの本の半分はフォンテス社と系列出版社の本で、これは中でも必読書です」

Livraria Martins Fontes

R. Dias Ferreira, 135 A. Leblon-Rio de Janeiro, Brazil
Tel: +55(0)21-2221 2823
http://www.martinsmartinsfontes.com.br
rio@martinseditora.com.br
月~土 9:00~22:00/日休

店員 マリア・カンジダ・V・フレデリコ Maria Candida V. Frederico

1987年リオデジャネイロ生まれ。
2か月半前からこの店で働いています。リオデジャネイロ大学で政治学を専攻しているので、フォンテスの本は前からよく読んでいました。本屋さんで働くのはここが3軒目ですが、今の店が一番気に入っています。素敵な地区にあるし、静かなお店でお客さんとじっくり話すゆとりもあり、大学の先生やアーティストが多いので、お客さんと話をするのは楽しいです。あとは大学に入ったばかりの子どもを持つ親御さんやおじいさん、おばあさんが店にやってきて、「いったいどんな本を読ませればいいか」とよくたずねてきます。
読みたい本は山ほどあるのですが、大学の課題図書もあるし、時間に限りがあるので月に5冊ほどしか読めません。本を売るためには、いい読者であること、そして広い教養を持つことがとても大切です。本はさまざまな世界につながっていますから。
今はネットで買えない本はないという時代ですし、本屋さんで本を選んで買うのは、いわばぜいたくな行為です。でも、人々のふれあいの場としての本屋さんの役割は、これからますます大切になっていくのではないでしょうか。実用書はネットで買い、文学や哲学の本は本屋さんで買う、といったすみ分けが進行するかもしれません。
毎日、大学での勉強に直結した本とふれあっていられる今の環境は、私にとって理想的です。もうすぐ学部を卒業しますが、大学院で研究を続けるつもり。書店員の仕事も両立していきたいと思います。

El Ateneo
Grand Splendid

Librería
de Avila

ブエノスアイレス
Buenos Aires
サンイシドロ
San Isidro

Libros del Pasaje

Boutique del Libro

エル・アテネオ・グランド・スプレンディッド

El Ateneo Grand Splendid

TURISMO NACIONAL
TURISMO
BIOGRAFIAS
BIOGRAFIAS
BIOGRAFIAS

PELÍCULAS

AD Y FAMILIA
SEXUALIDAD Y PAREJA
SEXUALIDAD Y PAREJA

1903年、ブエノスアイレスにイタリア様式の国立劇場が落成。1919年に増築され、「エル・グランド・スプレンディッド・シアター」(壮大で華麗な劇場)と名付けられた。

当時、アルゼンチンは農作物の輸出や商業の発展による好景気に沸いた。フランスの美術や建築様式が流行し、「南米のパリ」と呼ばれるようになった首都で、文化の中心バリオ・ノルテ地区は「ブエノスアイレスのサンジェルマン」として知られた。グランド・スプレンディッドは地区を象徴する豪華な劇場で、冷暖房とオープンルーフを完備していた。第一次世界大戦の終戦を記念した天井画「平和のアレゴリー」を手掛けたのは、大統領府カーザ・ロサーダの装飾のために政府に招かれたイタリア人画家、ナザレーノ・オルランドだ。彫刻は、ブエノスアイレス市議会の装飾も手掛けたトロイアーノ・トロイアーニの作品。当時の最高の才能を結集した建築だ。

1919年に劇場を買収した若きオーストリア人実業家、マックス・グルックスマンの経営手腕により、グランド・スプレンディッドはブエノスアイレス随一の文化施設として栄えた。1923年には国内初のラジオ局を開局。1924年からはタンゴ歌手カルロス・ガルデル、イグナシオ・コルシーニ、ピアニストのロベルト・フィルポらが出演し、劇場内のスタジオではレコーディングも行った。これがタンゴの普及におおいに貢献した。無声映画が娯楽の中心となると、1926年から、劇場は映画館になる。国内初の有声映画の上映もここで行われた。その後、60年代の劇場再開の期間を経て、70年代には再び映画館となったが、2000年に閉館。そして、世界で最も美しい書店のひとつに生まれ変わった。

アルゼンチンでは年間10万タイトルに及ぶ本が出版される。大手書店チェーン「エル・アテネオ」が、広い売り場面積を確保するため、「壮大な」劇場建築に目を付けた。歴史建築を元の形で保存するよう、装飾や天井画を大幅に修復しつつ、基本的な構造はそのまま生かした。

元は客席が並んでいた平土間やバルコニーに、書棚をぎっしりと配した。舞台はカフェになっている。ボックス席にはゆったりとした椅子が置かれ、売り場の本を数冊確保し、何時間も読書にふける人の姿も。そして、バルコニーの売り場へのアクセスを確保するため、エレベーターと階段を新設。また地下には、子どもの本のコーナーを設け、1階の床に穴をあけるような形でエスカレーターを設置した。

書店は、美しい建築のおかげで世界的に有名になり、観光スポットとして訪れる外国人の姿も目立つが、ブエノスアイレスの人たちの文化生活を支えるという本来の役割を積極的に果たしている。店長を務めるのは、アルゼンチンの新進若手作家。文学はとくに充実していて、この店のパトロンとなったノーベル賞候補作家、故エルネスト・サバトら、地元の作家や知識人にも愛されている。

また、内外の一流作家のブックイベントや、「文化と環境」「都市と詩」「建国200周年を考える」などのテーマでの講演会を多数企画してきた。かつて、伝説のオペラ歌手ガルデルが歌った舞台でコーヒーを飲みながら、彼が眺めた劇場の光景に思いをはせる。エレガントな装いで客席を埋めた500人の聴衆たちに代わって、今そこには35万冊の本と、本を愛する人たちの姿がある。

面積=2,000㎡／規模=35万冊／創業=2000年
分野=総合
業態=書店+カフェレストラン

店長 アンドレア・ステファノニ

ここは世界一美しい本屋。外国の首相や作家がブエノスアイレスを訪問する際も必ず訪れます。だから、スタッフも完璧でなくてはならない。文学や音楽を中心に、書店員の専門知識には定評があります。アルゼンチン人は読書が大好き。バスや地下鉄の中でもみんな本を読んでいます。そして、スーパーマーケットでも本を売っている一部の国とは違って、本は本屋で買うものと決まっています。ボルヘスの本を、トマトと一緒に売るべきではないでしょう。それに本のデザインや紙の質も重要な要素なので、この国には電子書籍は広まらないと思います。

この本屋は私にとって、家のような存在です。私は作家としても活動していて、最初の本が出たばかりです。書店員の2人がそれぞれ体験するラブストーリーが交錯して展開する小説。創作のインスピレーションは、いつも毎日の店での意外な体験から生まれます。存在しない本を探していて「なんでこの店にないのか」といぶかるお客さんや、自分と違う政治思想の本があるのに憤慨して「なんでこの本を置いているのか」と突っかかってくるお客さんもいます。有名な本屋なので、お客さんたちの期待度も高くなるのでしょう。

旅行者が来て写真を撮るだけでは商売にならないので、本を売るための工夫も重要です。お客さんが探している本が店になければ、類書を見つけて薦めます。それから本をじっくり選べるような雰囲気づくりにも気を配ります。

Andrea Stefanoni

1976年ブエノスアイレス生まれ。祖父母が暮らすティグレ（ブエノスアイレスの北に位置するラプラタ河畔の町）で毎年3、4カ月を過ごしながら育つ。映像音響工学を学び、文化関係の雑誌や新聞の特集版などに寄稿。2012年小説『Tiene que ver con la Furia』が出版された。

この店の一冊（by Andrea Stefanoni）

“En breve cárcel” Sylvia Molloy

「シルビア・モロイはニューヨーク在住。まだ生きている作家の中ではアルゼンチン現代文学の最も優れた才能です。1981年の最初の小説は、小さな部屋で文章を書いている女性をめぐる物語。一人称と三人称が入り乱れる語り、どの国かもわからない設定。1時間でもこの本について話していられるというくらい面白いです」

El Ateneo Grand Splendid

Av Santa Fe 1860, Buenos Aires, Argentina

Tel: +54(0)11 4813 6052 / 4811 6104

http://www.elateneo.com

月〜木 9:00〜22:00／金・土 9:00〜深夜0:00／日 12:00〜22:00／無休

アビラ書店

Librería de Avila

南米で最も書店が多い国、アルゼンチン。首都ブエノスアイレスの町を少し歩くと、大小さまざまな書店を見かける。そして、南米に現存する最も古い本屋さんが、ブエノスアイレスにあるアビラ書店だ。

1860年代初め、アルゼンチン共和国が成立し、ブエノスアイレスの政治的な優位が確立される。その頃から、「いい風」を名前の由来とするブエノスアイレスの港には、スペイン、イタリアなどヨーロッパから大量の移民が上陸。タンゴに代表される多層的な文化が形成されていく。

アビラ書店のある建物の地下では、1730年代からバーが営業し、そこでは本も売り物として置かれていた記録がある。店には次第に本が増えていき、1875年、正式に階上を書店として創業するに至る。書店は以来、同じ建物で営業を続け、アルゼンチンの政治、経済、文化の発展とともに歩んできた。

店のあるサンテルモ地区アルシーナ通りはブエノスアイレスで最古の道とされ、旧市街の真ん中にあたる。町の最古のバー、最古の薬局も、みなこの近辺にある。同じ通りに学校があったことから「リブレリア・デ・コレシオ（学校の書店）」と呼ばれるようになった。

大学や大統領府がすぐそばという土地柄。アルゼンチンの知識人たちがこの店に集うようになる。アルゼンチンの国民的作家ホセ・エルナンデス、詩人レオポルド・ルゴネス、小説家ロベルト・アルルト、文芸誌スールの刊行者で作家のヴィクトリア・オカンポ、そして作家ホルヘ・ルイス・ボルヘスら、数々の作家たち、そしてパブロ・プリエーゼ、ホセ・ラサーノをはじめとするタンゴ・ミュージシャンたちにも愛された。作家でもあり教育の父とたたえられる7代目大統領サルミエントら歴代大統領に加え、エビータことエバ・ペロンもこの店を愛顧した。昔から店内では、こうした常連たちが、自然発生的に講演会も開いてにぎわいを見せた。

しかし、店はその後、輝きを失っていった。1990年代初めには、経営難に追い込まれ、アメリカ系のファストフード店に買収される案が持ち上がる。幼い頃から店に親しんでいたミゲル・アビラさんは、このとき店を救うべくオーナーになり、店の名前を「アビラ書店」と変えた。そして、いつの間にか4階にまで広がっていた店を2階までに整理し直した。

店の内装は時代を経て少しずつ変わってきたが、マホガニーの棚やギャラリーが印象的な店内には、歴史に磨かれた趣を残す。「タンゴ」「演劇」といったジャンルが充実しているのは、ミュージシャンや俳優たちに愛された過去をほうふつとさせる。店の地下は、まるで図書館の書庫のように、古い雑誌や本が大量に、きちんと整理されて並んでいる。

ミゲルさんは、伝統をよみがえらせるため、店内でブックイベントを開きいている。また、書店の前には本も買えるバーだったという起源をよみがえらせるべく、アルゼンチンワインの飲み比べのイベントを開いている。今後は、店内にブエノスアイレスの文化を紹介するギャラリーと、アルゼンチンの食材やワインを扱うバーを設ける計画を進めている。

アルゼンチンワインを傾けながら、本を楽しめる大人の空間、アビラ書店は、読書大国アルゼンチンの象徴だ。2010年には、「文化的価値と歴史遺産の場所」として認定され、永年的に書店経営を続けることを定められた。

面積=500㎡／規模（冊数）=「数えるのは不可能」／創業=1875年
分野=文学、人文、実用、タンゴ
業態=書店（新刊書と古書）

FOLKLORE
TANGO
OCEANO
OCEANO

ALMACEN
BAR
CAFE
LITERARIO
La Pampa
Economisti greci e romani

Indigenismo
CARIBBEAN
En busca DEL PASADO
EL PODER IMPERIO
La guerra de Espartaco
Barry Strauss

Teatro
Historia Argentina-Americana
Novelas históricas
OCEANO
Chicos

オーナー・店長 ミゲル・アビラ

アルゼンチンには、「人が本を知れば、二度と孤独に戻ることはない」という言葉があります。私にとって、本は子どもの頃からいつも友達でした。貧しい母子家庭に育ったので、12歳の頃から、夜学に通いつつ書店員をしていました。古書の品ぞろえで有名だったこの店には、仕入れのおつかいに来ていました。店に集った作家やタンゴ・ミュージシャンたちは、私をマスコットのようにかわいがってくれたものです。「お客さんと人間としてつきあい、本と真面目に向き合う」という私の生き方は、こうして育まれました。そして22歳で、ブエノスアイレスの別の書店の店長に就任し、その後この書店を救うべくオーナーになりました。

優れた書店は、単なる商業施設ではなく、人間が暮らし、集う家です。店の伝統を守るのが私たちの仕事。そして、本を読む文化を守ることも。紙のにおい、触り心地、書き込みも自由自在という紙の本と、電子書籍の違いは、映画館とテレビで見る映画の違いのようなもの。かつて、映画が出現した頃には「これで劇場がなくなる」と言われ、テレビが出現すると「これで映画館がなくなる」と言われましたが、そうはなりませんでしたよね。

そして今、インターネットを通して、情報の交換はできても、愛する人の手を握ることはできない。どんなにテクノロジーが発達しても本屋さんが不滅なのは、つまりそういうことです。

Miguel Avila
1945年コルドバ生まれ。10歳でブエノスアイレスに移住、母子家庭で育ち、12歳から書店員になる。書店の常連だったタンゴ歌手のホセ・ラサーノに料理を習ったのが自慢。1989年、コレシオ書店と呼ばれていた店を買い取り、以来オーナー店長を務める。

この店の一冊（by Miguel Avila）
"Martín Fierro" José Hernández
「アルゼンチン人の魂を描いたといえばこの作家。ガウチョ文学の最高傑作で、アルゼンチンの聖書であり国民文学というべき作品。主人公は、妻子に対する善人の顔を保ちつつ、悪人の生活を送る。19世紀のアルゼンチンの写実的な描写も興味深いです」

Librería de Avila

Alsina 500-(1087) Buenos Aires- Argentina
Tel: +54(0)114331-8989
Fax: +54(0)114343-3374
http://www.libreriadeavila.servisur.com/
avila@servisur.com
月~金 8:30~20:00
土 10:00~14:00/15:00~17:00
日休

リブロス・デル・パサヘ

Libros del Pasaje

Cine
CINE
CLINT EASTWOOD
ORSON WELLES
JOHN FORD
LEONE
HISTORIA DE LA ARGENTINA OLVIDADA

LA PINTURa hOY
MARLENE DUMAS

ブエノスアイレスの西部、並木が美しく、ブティックやレストランが立ち並ぶパレルモ地区。近年、流行に敏感な若者たちが数多く集うようになった。週末ごとにマーケットが開かれ、グラフィティが壁を彩る。

1984年、ここに「理想的な本屋を」というコンセプトで店を開いたのは、大学で歴史を専攻したのち専業主婦をしていた女性、マリア・オジャナルテさん。古い家を買い、レンガの屋根を生かしつつ、自然光が入るようにバー部分にガラスの天窓をつけ、古めかしい木の棚やカウンターを入れ、スタイリッシュかつつくり込みすぎない居心地のいいインテリアを実現した。CDショップとバーを組み合わせた書店で、バーが待ち合わせや仕事のミーティングの場所として人気を呼んだことから知名度が上がり、ここをまねた書店がパレルモにはいくつも誕生した。

バーでは、ラップトップを持ち込んで仕事をする人の姿が目立つ。明るくかつ静かで落ち着いた雰囲気、おいしいコーヒーや軽食には定評がある。写真やアートの展覧会をいつも開催しているので、気分転換にもこと欠かない。夜には新刊書の出版イベントが頻繁に開かれる。

天井まで作りつけられた木の棚に、本がぎっしりと並ぶ。店員さんに頼めば、するするとはしごを上って見たい本を取ってきてくれる。「幅広く、かつ厳選された」本のセレクトは、8人のフルタイムのスタッフとオーナーが、協力して行う。

英語の本など輸入本は買い取りだが、アルゼンチンで出版された本は売れたら原価を支払う方式で、書店に入るマージンは40パーセント。多いように思えるが、それでも大手書店との競争は厳しい。めまぐるしく出続ける新刊を優先するのではなく、本当に読む価値のある息の長い本を見極めて置く。アルゼンチンなど南米諸国の文芸書と、哲学や社会科学の翻訳書が充実している。そのほか、大学の教科書に使われるような学術書も置いているし、たとえばフランスの作家セリーヌの講演の翻訳、オルタナティブ系の映画本、東洋哲学の本など、個性的な本に出会える。

また近年アルゼンチンに増え続けている中小の出版社の本など、伝統的な本屋さんでは扱ってもらえない本を積極的に紹介。いつでも出版社やライターからの持ち込みを歓迎している。

パレルモを散歩に訪れる若いファミリーや、近所に住むインテリに常連が多い。リピーターを飽きさせないため、店頭のテーブルに平積みにする本は、アートだったり文学だったり、テーマをいつも変えている。また、旅行客や地元に住む外国人、それに国際的な感覚を持つ人たちにもよく知られている。ペンギンブックなど英米の小説の古典の原書や、「ロンリープラネット」シリーズの旅行書がそろう。

絵本から、大きな文字の高齢者向けの小説本まで、幅広い年齢層に向けた親しみやすい店づくりを心がけている。店の真ん中に、子どもの本のコーナーがあるのは、「子どもが主人公」という店の精神の象徴だ。土曜日には子ども向けのブックイベント、アートや工作の教室、また親を対象としたカジュアルなレクチャーを催している。パレルモのお散歩コースに欠かせない書店は、本選びと店づくりの双方に生かされたセンスの良さで、新しい世代の読書人を育てるのにも貢献している。

面積=300㎡／規模=7万冊／創業=2004年
分野=文学、芸術、哲学、心理学、社会科学、歴史、建築、児童書、コミック
業態=書店+CD・DVD+カフェ

店員 パトリシア・スコット

19歳で初めて、ほかの店で書店員になりました。その後、アルバイト先を探していたときに、オープンしたてのこの店にたまたま来ました。お客としてほれ込み、友達の口コミで店員を探しているという情報を手に入れて、2005年の1月から働いています。今では、オーナーと協力してバイヤーの仕事もしています。書店員に求められる素質は一概には言えません。たとえば説明するのが上手だとか、忍耐力があるとか、自分の長所を生かすことが大切です。

うちの店はアルゼンチンや南米の本と翻訳本、古典と現代もの、いずれも優れた本をそろえています。お客さんたちは知識レベルが高く、自分の確固とした趣味を持っている人が多いので、働き甲斐があります。君たちは本のことがよくわかっているね、なんて声をかけてもらえるとうれしいものです。とはいえ、プレゼントのために本を20冊提案しても、ぜんぶ却下されたこともあります。お客さんに目利きが多いので、書店員にとっては大変です。

スペイン語の本はまだデジタル化が進んでいないこともあり、アルゼンチンでは電子書籍はまだ普及する兆しがありません。音楽とは違って紙の本にはコンテンツだけでなくさまざまな個性があります。だからこそ、プレゼントにも最適なのです。

Patricia Scott

1977年ブエノスアイレス生まれ。ブエノスアイレス大学で哲学を専攻。在学しつつ書店員の仕事を続け、昨年卒業した。将来は哲学に関係した仕事に就くのが目標。

この店の一冊（by Patricia Scott）

“Los detectives salvajes” Roberto Bolaño

「チリの作家ロベルト・ボラーニョ・アバロスの代表作『野生の探偵たち』。さまざまな人物による語りと複数のストーリーが交錯して進行する物語は、探偵小説のような要素もあり、ぐいぐい読み進める小説。第三世界である南米の文学とは何か、という問いかけにもなっています」

Libros del Pasaje

Thames 1762 (y Pasaje Russel) —CP C1414DDJ —
Buenos Aires, Argentina
Tel: +54(0)11 48 33 66 37
http://www.librosdelpasaje.com.ar
info@librosdelpasaje.com.ar
月〜土 10:00〜20:00／日祝 14:00〜21:00／無休

ES LA PRIMERA VEZ
EN UNA BOUTIQUE
ENTRA..!
No me voy
me quedo
LOS MEJORES LIBROS
PARA REGALAR

ボウティケ・デル・リブロ

Boutique del Libro

LOS RABINOS DE MALVINAS
Zaffaroni

DAREDEVIL
FRANK MILLER
WALLY

土曜日の晴れた朝、会話を邪魔しない絶妙の音量でボブ・ディランが流れる店内に、コーヒーの香りが漂う。常連が次々と店に姿を現し、名物オーナー、フェルナンドさんと近況を報告し合う。

ブエノスアイレスから電車で40分。緑豊かな風景の中を揺られていくと、サンイシドロに着く。首都で働く人たちも暮らすベッドタウンだ。川を渡れば、すぐそこはウルグアイという国境の町でもある。

オーナーのフェルナンドさんは、ブエノスアイレスで生まれ育った。高校生の頃に軍部のクーデターが起こり、7年間にわたってビデラ将軍による独裁政治が敷かれた。反体制派に対する徹底的な弾圧により、数多くの若者を含む3万人の市民が拉致されて行方不明になる。民主政治が復活した1983年、フェルナンドさんは文化的拠点となる書店を目指し、ボウティケ・デル・リブロを開いた。24歳のときだった。

その後、店はブエノスアイレスを中心に数軒を開くまでに成長した。フェルナンドさんは近年、他の店を仲間たちに譲り、静かな環境にあるサンイシドロ店の経営に専念することにした。

カラフルに塗られたファサードや木の家具の手作り感に満ちた店は、中流階級の住む静かな住宅街の一角にある。棚とテーブル、レジまわりに所狭しと本が並び、その奥にはパティオと中庭がある。バーレストランは、地元アーティストによる絵画のギャラリーも兼ねている。書店の名前と同様にフランス風で、おしゃれなサンイシドロ住民に人気だ。

本は文学と哲学、エッセイが中心。英米のペーパーバックやほかのラテンアメリカ諸国など、外国の本も直接輸入して並べている。また、ほかの書店ではあまり扱っていない小さな出版社の本にも力を入れていて、詩集のコーナーはとくに充実している。

本のセレクトは、フェルナンドさんが、豊富な読書体験にもとづいて「フィーリングで直感的に」選んでいる。古典から現代ものまで、地元アルゼンチンやチリなど南米の作家を中心とした文芸書が目につくが、同時に、センスの良い料理書やアートブックも並び、また子ども向けの本も充実している。気取りのない町の本屋さんとして誰にでも親しんでもらえることがモットーなので、大衆的な売れ筋に迎合することは避けつつも、インテリだけを相手にしたものにならないよう心がけている。

店内から中庭のパティオにつながるバーレストランでは、創作や哲学の講座、コンサートが頻繁に開かれる。コンサートや本の著者の講演会などのイベントはフェイスブックやメーリングリストでこまめに告知され、それがお目当てでやってくる人も多い。

イベントがないときでも、アフターファイブの勤め人から、地元の詩人やミュージシャン、アーティストまで、さまざまな人たちがこの店をたまり場としている。ときには常連が持ち込んだケーキやワインで、その場に来ているお客さんたちの間でお茶会や飲み会が始まることもある。

緑豊かな中庭は、太陽がさんさんと降り注ぐ昼間も、川から涼しいそよ風が吹く夕方も心地よい。パティオはいつも超満員になるため、広げて定員を増やす予定だ。また中庭の小屋を、本格的なアートギャラリーに改装する計画も進行中。

軍政が終わった年にできた本屋さんは、今も自由と文化を愛する人たちが集う明るい空間だ。

面積=300㎡／規模=35,000冊／創業=1983年
分野=文学、哲学、エッセイ、哲学、趣味
業態=書店+アートギャラリー+バーレストラン+イベントスペース

オーナー・店長 フェルナンド・ペレス・モラレス

本屋だけでビジネスをやっていくのは難しい。飲食の売り上げにより経営を支えることが、バーレストランを設ける効用のひとつです。でも、それだけではありません。お客さんたちのコミュニティーが、一番の店の自慢ですから、長居してもらえるのがうれしいのです。地元の人たちの交流の場になっていて、大人も子どももやってきて、コーヒーやワインを飲みながらおしゃべりしたり、庭で遊んだりしていきます。店主として、誰にでも親しんでもらえるよう、広く浅い店づくりを心がけています。
アルゼンチンの税制では、本には消費税がかかりません。これは南米の中でも恵まれた環境で、町には本屋さんがたくさんあります。ブエノスアイレスのブックフェアは、3週間にわたって開かれる本の展示即売会で、一般の人たちも自分で読む本を買いに行く本のお祭り。ヨーロッパで開かれる専門家向けのブックフェアとはかなり違います。このように、私たちアルゼンチン人にとって本はとても身近な存在なのですが、私はみんなに、さらにもっと本を読んでもらいたいと願っています。読書はあまり好きでないという人にも、この店でなんだか読む気になってもらえたら最高ですね。今後は、パティオを広げてイベントを充実させると同時に、もっともっといい本を紹介していくことが私の夢です。
私は電子書籍で本を読むことなど想像ができません。紙の本の価値を将来に伝えていくことが、私たち本屋の責任だと思います。

Fernando Pérez Morales
1959年ブエノスアイレス生まれ。高校生の頃、1976年に軍部のクーデターが起こる。「我慢が足りない性格なので」大学には行かず、読書により教養を深めつつ軍事政権時代を過ごす。民主政治が復活した83年、友人と協力してボウティケ・デル・リブロを開いた。3児の父。

この店の一冊（by Fernando Pérez Morales）
"Tortilla Flat" John Steinbeck
「アメリカ人作家ジョン・スタインベックによる初期の名作『トルティーヤ・フラット』。第一次世界大戦直後のカリフォルニアの田舎が舞台です。1935年の作品ですが、クラシックで現代的、まさにカルト本です。とにかくすばらしい小説なので、いつでも店に置いてあります」

Boutique del libro de San Isidro
Chacabuco 459, San Isidro B1640CHE, Argentina
Tel: +54(0)11 4742-1297.
http://comandogtb.blogspot.com/
boutiquesi459@gmail.com
月～土 9:00～20:00／日休

清水玲奈
ジャーナリスト。東京大学大学院総合文化研究科修了（表象文化論）。ロンドンとパリを拠点に、アート、カルチャー、ファッション関連の執筆、映像制作にかかわる。共著に『世界の夢の本屋さん』『X-Knowledge HOME the travels No.01 PARIS』（共に、エクスナレッジ刊）がある。

INTERVIEW AND TEXT
Reina Shimizu

PHOTOGRAPH
Stefano Candito: UK, Ireland, France, Italy, Brazil, Argentina
Ryo Shirai: Japan
Judy Zhou: Beijing-China
Madoka Sakamoto: Shanghai-China
Zhou Chang: Taiwan

DESIGN
Masayohi Kodaira, *FLAME inc.*

LAYOUT
Sanae Seto, *design Seeds*

世界の夢の本屋さん 2

2012年7月17日　初版第1刷発行
2012年9月 5 日　初版第2刷発行

著者　清水玲奈

発行者　澤井聖一

発行所
株式会社エクスナレッジ
〒106-0032 東京都港区六本木7-2-26
http://www.xknowledge.co.jp/
問い合わせ先　編集　Fax 03-3403-1609　info@xknowledge.co.jp
　　　　　　　販売　Fax 03-3403-1829